Paulo Roberto Pires

DIANTE DO FASCISMO

CRÔNICAS DE UM PAÍS
À BEIRA DO ABISMO

SÃO PAULO
TINTA-DA-CHINA BRA
MMXXII

Minha pátria; cheia de torturadores, carros de luxo, escravagistas, mansões, candidatos a ditadores, jatinhos, especuladores da Bolsa, crianças famintas. Por isso é o país do futuro. Não pode piorar.

—MILLÔR FERNANDES

Para Haydée Lima, presente

Apresentação – Bob Fernandes, 9

Sou contra, mas..., 17
O ressentimento vai às urnas, 20
Os riscos da complacência, 23
Aos votos válidos, cidadãos, 26
Diante do fascismo, 29
Intelectual sem posição: veredas, 32
A crítica da razão lacradora, 35
Quando o juiz é o policial, 40
O *coach* de esquerda, 43
Livros contra o autoritarismo, 46
Em defesa da polarização, 49
Allons muchachos, 52
A noivinha do Brasil fascista, 55
A mentira acima de todos, 57
A raiva contra o ódio, 64
O fascista da esquina, 67
As palavras e o Coiso, 74

O pequenino fascismo tupinambá, 77
Um país contra os livros, 83
A inocência impossível dos fascistas, 87
Ao genocida, a insônia, 90
No país da brutalidade, 93
Punição para os genocidas, 101
Patacoada ou morte, 104
Barbárie acima de todos, 107
A anticultura bolsonarista, 113
Mais molotov, menos Tchékhov, 116
Colaboracionismo à brasileira, 120
Mocotó ou morte, 123
A coragem dos covardes, 126
Contra os cretinos, 129
A nova era do ressentimento, 132
O violento ofício de escrever, 137
Os que se deixam levar, 144

Agradecimentos, 149

APRESENTAÇÃO
Bob Fernandes

Paulo Roberto Pires viu antes. E não teve temores, medo, não fez cálculos para descrever, contar o que via, o que estava a caminho. Dito assim parece banal, simples. Mas não foi, não era, não é.

Experiente editor de livros — da Planeta, que no Brasil ajudou a montar, e também na reconstrução da Agir, na Ediouro —, Paulo Roberto é professor concursado da UFRJ e, há décadas, jornalista em grandes redações, sempre trafegando por entre a construção do que chamamos "cultura": literatura, guerra, música, poesia, política, personagens... humanos. Autor de romances e de perfis biográficos do psicanalista Hélio Pellegrino e do editor Jorge Zahar, há onze anos edita a *Serrote*, revista de ensaios do Instituto Moreira Salles. Assinou curadorias no IMS, como a da exposição (e do livro) *Millôr: obra gráfica*.

Carioca da Penha, certamente também por isso viu antes, pensou antes, disse antes. Tinha cheiro de, comportamento e ações de acordo com o manual, MAS, como capturou e dichava Paulo Roberto em hipnotizantes 39 crônicas jornalísticas, abrindo e facilitando o caminho, como picadores, estavam os intelectuais adversativos, os nem-nem... a antessala da "escolha difícil".

Paulo Roberto Pires começa recolhendo personagens gelatinosas, invertebradas, e molda todos e todas numa feliz, deliciosa alegoria, presente em vários dos textos: o — ou a — ISP, "Intelectual Sem Posição".

Intelectuais "adversativos", e comentaristas idem — jornalistas ou supostos — que, agarrados às suas cátedras, currículos Lattes, editorias, redações, telas, microfones ou redes antissociais, fingiram não ver, não sentir, ou não perceberam — não se sabe o que é mais danoso — o que tinha cheiro, e se comportava como o que é: o fascismo. Corporificado em Jair Messias Bolsonaro & Famiglia & Associados, sendo o próprio Messias um boneco de titereiros.

Estes, aboletados nas cúpulas dos quartéis e do Palácio, ditando ameaçadoras notas oficiais embaladas em complacentes *mas* dos e das ISPs, descendo a escala da truculência serviçal. Chegam, como farol, até aos guardas das esquinas e aos seguranças das *penthouses*, dos *lofts* envidraçados. Sempre, *of course*, sob aplausos do inclemente Senhorio da financeirização: o "Mercado", ente onisciente, onipresente.

Ensaísta, jornalista, editor, já nos títulos das crônicas pré-eleição de 2018 Paulo Roberto entregava o que via, o que os de viseira se recusavam a ver ou a dizer. A crônica "Sou contra, MAS" atravessa a "lereia" do "país polarizado", biombo de equilibristas.

Em "Os riscos da complacência" ele despe o universo ISP: "É intelectualmente constrangedor explicar o avanço de Bolsonaro pelas lambanças monumentais do PT, assim como é injusto atribuí-lo à suposta ignorância de seus seguidores". Esta é, aliás, hipótese preconceituosa e no fundo apaziguadora.

Há quatro anos, 46% do eleitorado tinham, sim, descreve o cronista, "identidade com Bolsonaro: endossa a violência como política de Estado, a esquerdofobia como orientação ideológica, o anti-intelectualismo como valor e o preconceito como padrão moral".

A derradeira crônica que Paulo Roberto publicou na extinta revista *Época* começa com o personagem da biografia que o cronista, via editora Todavia, fará chegar à praça no ano do centenário: Millôr Fernandes. Que ensinava: "Intelectual é um cara capaz de chamar a galinha em meia dúzia de línguas diferentes, mas pensa que quem põe ovo é o galo". O biógrafo de Millôr encerra a crônica da véspera da ascensão do *fascio* dizendo: "Advertiu-se muito sobre o ovo da serpente, mas no Brasil o estrago foi feito enquanto se esperava o ovo do galo".

Na mesma crônica, o cineasta Pier Paolo Pasolini, na Itália de 1975, levando "bordoada da esquerda e da direita pela suposta impropriedade política e ideológica de apontar o ressurgimento do fascismo". Pasolini foi massacrado por um garoto de programa poucas horas depois de entrevista. O jornal *La Stampa* usou o título recomendado pelo cineasta ao denunciar o fascismo: "Estamos todos em perigo".

No Brasil, em entrevista dezenove anos antes de se eleger, o Messias ventríloquo do fascismo se desnudava ao confessar: eleito presidente, daria um "golpe no dia seguinte" e buscaria uma "guerra civil" para "matar uns 30 mil" que a ditadura não matou. "A começar por FHC", avisava há décadas, com todas as letras. Os e as ISP, tão precisamente radiografados por Paulo Roberto, seguiram e seguem no *mas* e no nem-nem, mesmo "recebendo a galinha no peito", como bem define o baianês.

Durante muito tempo, equilibrismo adversativo secundado pelo próprio alvo inicial do Messias, FHC, o Príncipe da Sociologia. Que Paulo Roberto põe a desfilar em crônica de braços dados com Paulo Cintura. Sempre de olho no espelho e biografia, o Príncipe quedou-se diante do espelho e esqueceu a biografia ao se encarapitar no muro, ao não ser claro e direto diante da escolha então

[11]

vendida como "difícil": Haddad ou Bolsonaro. O PT e seus aliados ou o milicianato cevado, também, na silenciosa cumplicidade dos quartéis e finanças.

Nos seus textos, Paulo Roberto não embarca no anti-intelectualismo de clubes de tiro, academias *fitness* e quartéis. Pelo contrário, o enfrenta como ensaísta que é, munido de saber arduamente conquistado, não no citacionismo de Wikipedia.

É o experimentado ensaísta emprestando saber e teclas ao cronista, ao colunista, quem, entre muitas e muitos, cita artigo de Steven Levitsky, traz David Runciman e o livro *Como a democracia chega ao fim*, ou vai à socióloga Arlie Russell Hochschild, que em *Strangers in Their Own Land* trata do ideário ultraconservador no Tea Party e busca entender as "razões dos estrangeiros em seu próprio país". Mesmo o leitor menos habituado percebe não ser de orelhada o manejo de *Antifa: o manual do antifascista*, do norte-americano Mark Bray, a lembrar que, "historicamente, a luta antifascista é sempre autodefesa".

Fustigando a "polícia-justiça ou justiça-polícia", no "*coach* de esquerda" debochando daqueles e daquelas que cobram "autocrítica" sem encarar o espelho (nas redações, pululam), sugerindo "livros contra o autoritarismo", escrachando "lacradores", defendendo a polarização como "legítima defesa", saudando *muchachos* e *muchachas* do Chile, instigando a "raiva dos ofendidos, dos vilipendiados e agredidos" contra o ódio, flagrando o "fascista da esquina" que habita o "coração da gente de bem" e emerge dos bueiros ao lado, denunciando o regime da "mentira acima de todos" e "o antissemita", por quatro duríssimos anos Paulo Roberto Pires escaneou "o país do ressentimento".

Dos 34 textos, os cinco primeiros foram publicados na revista *Época*, e os demais, na *Quatro Cinco Um*, a revista dos livros. Quase ao final da coletânea, publicada neste junho de 2022, na crônica "Os que se deixam levar", a reflexão, com devido comedimento, sobre as imensas tarefas do Brasil pós-22, "[...] caso derrotemos nas urnas a extrema direita que corrói a democracia".

Antes de no desfecho tratar dos "que se deixaram levar", Paulo Roberto Pires descreve a Alemanha do nazismo, pré, durante e pós, para pensar em como chegamos a um estelionato da história, dependente "tanto do que se faz, quanto do que se omite, do que se diz, do que se cala".

Termino de ler o livro com a pergunta que abre essa crônica, a penúltima, a martelar, a atiçar o ímpeto de percorrer certos bueiros, de procurar um e outra "isp", também algum vizinho, e repetir a indagação:

— Quem é você no Bozistão? Um grande criminoso [...], apenas criminoso [...], ou seria mais exato definir-se como pequeno criminoso?

Maio de 2022

DIANTE DO FASCISMO

SOU CONTRA, MAS...

Viciados no "talvez", intelectuais e comentaristas confrontam-se hoje com a necessidade de dizer "sim" ou "não" à candidatura de Jair Bolsonaro e à ameaça concreta que representa para a democracia. Ou bem vocalizam seu repúdio inequívoco, deixando de lado diferenças ideológicas, ou bem explicitam seu apoio ao projeto obscurantista que promete demolir, uma a uma, todas as conquistas sociais e políticas obtidas desde o fim da ditadura. É tão complexo que chega a ser simples.

O que se ouve e se lê indica, no entanto, que dificilmente veremos se concretizar essa clivagem essencial. Vivemos cercados de intelectuais e comentaristas adversativos, que arrematam cada frase com um "mas" providencial. A direita hidrófoba é inaceitável, *mas* a esquerda radical não fica atrás; o governo Temer é uma calamidade, *mas* foi engendrado pelo PT; Bolsonaro é uma aberração, *mas* combatê-lo frontalmente é igualar-se à sua violência; ele tem cheiro de fascista, comportamento de fascista, *mas* é perigoso usar essa palavra nesses termos etc.

Beneficiando-se da lereia do "país polarizado", o intelectual adversativo situa-se num centro imaginário que ele próprio ergueu como lugar de equilíbrio e razoabilidade. De onde está, afirma ter a clareza que falta aos extremos. Não é raro que, usando a desonestidade como método, conclua que bolsonaristas e lulistas são faces da mesma moeda. Não são. Assim como nenhum dos outros candidatos pode ser comparado ao capitão em seu desprezo pela legalidade.

Ao escrutinar com autoproclamado rigor a esquerda da qual se quer distanciar, esse tipo de intelectual é leniente com o centro a que diz pertencer. E, por tanta adversativa, tanto "mas", acaba fortalecendo o extremismo de direita contra o qual julga se posicionar. Quando fustigado, vitimiza-se, diz-se patrulhado, acende uma vela para Norberto Bobbio e jura de pés juntos gabaritar um complexo formulário que o atesta "liberal", combinando respostas corretas em quesitos de economia, política e costumes.

Steven Levitsky, cientista político que dá aulas em Harvard e está acostumado a debate de verdade, em que o pau come, publicou artigo na *Folha de S.Paulo* advertindo claramente que Bolsonaro afronta as instituições democráticas. Ele sabe do que está falando, não só por viver o pesadelo Trump mas por refletir sobre ele com o necessário vigor em *Como as democracias morrem* (Zahar), livro escrito em parceria com Daniel Ziblatt que, ao lado de *Como a democracia chega ao fim* (Todavia), de David Runciman, periga tornar-se um retrato do Brasil.

Dizer não a Jair Bolsonaro e ao que ele representa nada tem a ver com declaração de voto. O que está em jogo não é esse ou aquele partido ou a suposta independência do intelectual adversativo — que tem a si mesmo em altíssima conta —, mas a premência de combater uma candidatura que já questiona a lisura das eleições, dá protagonismo político a militares e cogita abertamente o autogolpe como solução para crises. O que oferece como programa de governo é, na prática, um pacote rombudo de autoritarismo, violência institucional, homofobia, racismo e golpismo explícito.

"Para saber, é preciso tomar posição", lembra o filósofo francês Georges Didi-Huberman. "Não há nada de simples em tal gesto. Tomar posição é se situar pelo menos duas vezes em pelo menos duas frentes implicadas em toda posição, já que toda posição é, fatalmente, relativa. Trata-se, por exemplo, de se confrontar com alguma coisa; mas, diante dessa coisa, devemos ainda levar em conta tudo que deixamos de lado, o fora-de-quadro que existe por trás de nós, que talvez recusemos mas que, em grande parte, condiciona nosso próprio movimento e, portanto, nossa posição. Trata-se, da mesma forma, de se situar no tempo. Tomar posição é desejar, é exigir alguma coisa, é se situar no presente e vislumbrar um futuro."

Dizer não a Jair Bolsonaro é desejar, é exigir, é situar-se e vislumbrar um futuro. É conjugar esses e outros verbos que não constam em seu dicionário e que ele quer expurgar do nosso. Sim, somos nós contra eles. Nós, que respeitamos a Constituição e que, obedecendo-a, fazemos frente a eles, os que querem rasgá-la.

21 de março de 2018

O RESSENTIMENTO VAI ÀS URNAS

O país estava dividido. A esquerda decididamente não havia caminhado para o seu extremo, mantendo intactos os princípios do capitalismo de mercado. Mas a direita, sim, radicalizou-se com força e com vontade, reagindo assim à crise econômica e às políticas inclusivas a que atribui suas dificuldades. Entre as pessoas ergueram-se "muros de empatia" que impediam compreensão, convivência e simbolizavam um desejo de eliminar diferenças. Enredada nos domínios da emoção, a política prescindia de argumentos e desprezava a verdade. Pensava-se com o fígado e votava-se de acordo com seus humores.

O retrato dos Estados Unidos pré-Trump ilumina o Brasil sob ameaça de Jair Bolsonaro em *Strangers in Their Own Land*, livro em que a socióloga Arlie Russell Hochschild tenta entender, no detalhe humano, como ganhou corpo o ideário ultraconservador do Tea Party. Professora em Berkeley, Hochschild decidiu abandonar a sua bolha, bem cultivada e de esquerda, para embrenhar-se por cinco anos num ninho reacionário da Louisiana. Acreditava, e seu livro lhe dá razão, que era possível transpor o tal "muro de empatia". E, sem abrir mão de suas convicções, tentar entender as razões dos "estrangeiros em seu próprio país" a que se refere no título.

Descrevendo ambientes e narrando situações com mão firme de ficcionista, Hoschschild conta histórias que bem conhecemos, de gente que vota até contra a própria sobrevivência para defender valores como a família heteronormativa, o livre mercado ou a proibição do aborto. A ela interessa o que chama de "histórias profundas", narrativas individuais baseadas menos em fatos ou julgamentos que na forma com que se vivenciam e se sentem as situações. A partir do conjunto desses relatos, ela cria uma "história profunda" mais geral do conservadorismo, história que explica em parte o que hoje vivemos.

Há uma longa fila diante de um morro em cujo topo, propõe Hoschschild, estão os ideais de realização de uma sociedade. Nosso personagem é um homem branco, classe média, em torno dos cinquenta anos, que tem ou não diploma universitário, com a vida financeira cada vez mais precária. Ele espera pacientemente no meio da fila, que anda pouco e às vezes até parece recuar. Bem atrás dele, lá na rabeira, há negros e imigrantes, jovens e velhos, quase todos sem estudo. Suas convicções mais arraigadas — o casamento monogâmico, a heterossexualidade — são objetos de críticas ferozes na mídia, na universidade. Mas tudo bem, ele nunca foi de reclamar.

Quem organiza a fila é o presidente, eleito por todos ali reunidos, mas que tem um perfil estranho ao nosso personagem e ligeiramente incômodo para ele: por sua origem social, era suposto que não tivesse chegado aonde chegou. Eis que, aqui e ali, ele percebe que a turma de trás começou a furar a fila. E, automaticamente, busca a ajuda do fiscal — que não só parece não fazer nada para impedi-los como está acenando para que passem à frente do nosso personagem. São mulheres, negros, pobres, refugiados, imigrantes e até animais ameaçados de extinção, aos quais se destinam polpudas verbas. O presidente é um traidor, rumina o nosso personagem, pois parece governar só para "eles", os fura-fila.

O homem no meio da fila é um pote até aqui de mágoa. E, a um dado momento, abraça as propostas de quem promete restituir a ele tudo o que, sob a justificativa de distribuir melhor renda e oportunidades, lhe teria sido subtraído. Fermentada pelo ressentimento, a indignação do cidadão encontra o voluntarismo de candidatos oportunistas e justifica, em bases pessoais e emocionais, as mais bárbaras agressões aos princípios democráticos. Vendendo-se como justiceiro, o político ganha carta branca para fazer "o que deve ser feito". Na verdade, nem é preciso fazer a fila andar, basta punir os fura-fila.

É esse tipo de ressentimento, exposto de forma magistral por Arlie Russell Hochschild nos Estados Unidos de 2011, que se corre o risco de levar ao poder no Brasil de 2018. Não se baseia na razão, em ideias ou na formulação de políticas públicas, mas no apelo emocional e na vingança. O filme, reprise de outras épocas e lugares, é inseparável de seu *spoiler*: no final, morremos todos.

5 de outubro de 2018

OS RISCOS DA COMPLACÊNCIA

Não vamos deixar que a amizade estrague a política, diz a sabedoria dos memes, antídoto para a pieguice com que se pretende curar as sequelas pessoais deixadas pela campanha até aqui. Se está longe de ser saudável e muito menos recomendável sair quebrando o pau com todo mundo e qualquer um por causa da efetiva ameaça à democracia representada por Jair Bolsonaro, tampouco parece razoável apelar a uma quimérica fraternidade humana para que se ouça sem reação, como se nada fosse, o bestialógico secretado por ele, amplificado por seus eleitores declarados e sussurrado pelos que começam a sair do armário. Transigir com a intransigência não é espírito democrático, é fraqueza moral.

O risco Bolsonaro vai além da periculosidade do que ele prega. Hoje, esse risco se multiplica na complacência com que o seu desempenho vem sendo analisado por comentaristas e justificado por novos apoiadores. Os primeiros insistem em tratar as frequentes ameaças a princípios democráticos como mera expressão de um ideário conservador. Os últimos pretendem amenizar a obsessão antipetista, que tudo aplaina e justifica, com a tese extravagante de que a violência dele e de seus apoiadores é "da boca para fora". Uns e outros tornam-se, assim, cúmplices não do que poderá acontecer, mas do que já vem acontecendo.

"Vamos botar um ponto final em todos os ativismos do Brasil", declarou Bolsonaro ao encerramento do primeiro turno, não sem antes denunciar, mais uma vez sem provas, suposta fraude. O que isso quer dizer na prática não fica exatamente claro. Mas não cheira bem e, no mínimo, não deveria ter passado pela cabeça — quanto mais ser dito — por alguém que recebeu mais de 49 milhões de votos num pleito democrático e perfeitamente dentro da lei. Mas vamos aos fatos, só os verificáveis — e não os saídos da operosa fábrica de notícias falsas que turbina a campanha do capitão.

Em Salvador, o mestre de capoeira Moa do Katendê foi assassinado com doze facadas por um aguerrido partidário de Bolsonaro, que assim respondeu às críticas feitas pelo eleitor do PT numa discussão de botequim. Na zona sul do Rio, uma mulher foi chamada de "vagabunda" e ameaçada por um eleitor do PSL, o partido de Bolsonaro, por usar vestido vermelho no posto de votação. Um conhecido teve dois entreveros sérios no Aeroporto de Congonhas por conta de um adesivo de um candidato de esquerda que trazia no peito. De uma pessoa querida, bolsonarista, ouvi que estava na hora de os gays deixarem de andar de mãos dadas em público. O candidato favorito ao governo do Rio, juiz de Direito, participou de ato em que se depredava uma placa em homenagem a Marielle Franco, vereadora carioca executada há sete meses num crime impune. O homem que destruiu a placa foi o deputado mais votado no estado.

Só à custa de tibieza intelectual ou má-fé pode-se entender esse cenário como resultado de uma luta encarniçada entre direita e esquerda. Não é. No segundo turno, o que se apresenta a um vasto e fragmentado espectro ideológico é a possibilidade de repudiar pelo voto e dentro da lei o candidato que não tem apreço por este nem por aquele. O candidato que melhor capitaliza a confusão entre justiça e justiçamento e não vê a hora de sacar o cheque em branco que o antipetismo pode lhe passar.

É intelectualmente constrangedor explicar o avanço de Bolsonaro pelas lambanças monumentais do PT, assim como é injusto atribuí-lo à suposta ignorância de seus seguidores. Esta é, aliás, hipótese preconceituosa e no fundo apaziguadora. Pois, em algum grau, por algum viés, 46% do eleitorado tem, sim, identidade com Bolsonaro: endossa a violência como política de Estado, a esquerdofobia como orientação ideológica, o anti-intelectualismo como valor e o preconceito como padrão moral.

Em *Antifa: o manual do antifascista*, o professor americano Mark Bray lembra que, historicamente, a luta antifascista é sempre autodefesa. O episódio insignificante de hoje é a tendência de amanhã, que por sua vez pode estar no poder na semana seguinte. O bom combate se faz pelo voto e pelo protesto. A urna nos espera dia 28 e, dependendo do resultado, talvez as ruas nos sejam vedadas em 2019. Em nossas mãos, a responsabilidade da escolha.

12 de outubro de 2018

AOS VOTOS VÁLIDOS, CIDADÃOS

O muro caiu. Pelos escombros enlameados de notícias falsas caminham isentões altivos, neutros de almanaque e direitistas enrustidos. Com o que sobrou ali, tentam erguer um puxadinho e cobrem-no com votos nulos e brancos — tecido frágil, esburacado, que não tapa sol, chuva e muito menos o vexame de se eximir diante da ameaça da extrema direita. Enquanto juntam os fiapos, choram pitangas de que são impiedosamente patrulhados, já que o direito de assumir o "nem" é inatacável — o que é, aliás, a mais pura verdade, assim como ninguém tasca o direito de manifestação de qualquer opinião, inclusive a crítica à neutralidade.

    O isentão nasce da consciência ofendida de quem, se achando progressista, também se quer acima de clivagens ideológicas e, é claro, de posicionamentos. Combina repúdio aos ultraconservadores, o que pega bem, e pau nos progressistas, o que pega melhor ainda. Parecem equilibristas, mas não correm risco, sempre amparados pelo colchão do senso comum. Em sua maioria, é gente bem de vida. E se no final das contas sua isenção ajudar a eleger a extrema direita, tanto faz: a culpa, ele sempre soube, é da esquerda, e está na hora daquele doce degredo em Lisboa, cidade limpa onde se anda de madrugada sem medo de assalto.

    Em termos de saída europeia, os "nem" bem que poderiam voltar os olhos para uns paralelos acima da península

Ibérica, mais exatamente para a França, mais precisamente ainda para a França de 2002. Foi quando a esquerda de Lionel Jospin e a direita de Jacques Chirac foram surpreendidas por Jean-Marie Le Pen, que com quase 17% dos votos derrotou os socialistas no primeiro turno e levou ao segundo a Frente Nacional e seu discurso xenófobo e violento, de ódio aos imigrantes e ataque aos princípios fundamentais da *République*.

É certo que uma distância literalmente oceânica separa a França de 2002 do Brasil de 2018. Mas é possível, sim, refletir sobre a ideia de que a isenção pode ser fatal quando o que está em jogo não é mero posicionamento no espectro político, mas a negação das regras do jogo. E, com ela, a autorização para a barbárie.

Coube ao *Libération*, fundado em 1973 como um jornal de esquerda sob patrocínio intelectual de Jean-Paul Sartre, desenhar a situação. Na edição de 22 de abril, dia seguinte do primeiro turno, estampou na capa um imenso NON ao lado de uma foto de Le Pen, conclamando o repúdio ao candidato e ao que representava. Vendeu 1 milhão de exemplares, a maior tiragem de sua história. Numa grande manifestação contra a extrema direita, o jornal era exibido como cartaz.

Em 4 de maio, um dia antes da votação de segundo turno, repetiu-se a diagramação. No lugar da foto de Le Pen, o desenho de uma mão depositando na urna o voto "Chirac" e, em vez do NON, estampou-se um piramidal OUI — era o jornal de passado maoísta declarando o seu "sim" ao candidato da direita e ao que ele representava, "em defesa da República". No dia seguinte à votação, quando, por uma formidável virada, Chirac levou a presidência com 82% dos votos, a manchete era um OUF, o "ufa" de alívio. Na foto, de costas, Le Pen parece deixar a cena.

No famoso editorial que marcou a tomada de posição do jornal, Serge July, um de seus fundadores e editor chefe até 2006, foi categórico: "Só há um gesto possível: votar em Chirac para voltar a marginalizar Le Pen e seu programa de quarentenas, regressões, proibições e segregações". E, mais adiante: "Jacques Chirac, sua vida política, suas obras governamentais e presidenciais não contribuíram especialmente para reduzir as múltiplas fraturas de nossa sociedade. Mas esse republicano é, hoje, a oposição a Le Pen. E é votando nele que se pode dizer não a Le Pen".

No dia 28 de outubro, a turma dos escombros terá de escolher de que lado fica, já que o puxadinho do meio só existe na imaginação. Ao anular, votar em branco ou se abster sabem muito bem, na real, a quem estão favorecendo. Seria bom lembrar, no entanto, que o presidente eleito será o presidente dos dois lados, e é para os dois lados que irá valer o imperfeitíssimo plano de governo de um ou o pacote de regressão do outro. Aos votos válidos, cidadãos.

19 de outubro de 2018

DIANTE DO FASCISMO

"Intelectual", escreveu Millôr Fernandes, "é um cara capaz de chamar a galinha em meia dúzia de línguas diferentes, mas pensa que quem põe ovo é o galo." Foi o debate da galinha que nos últimos meses mobilizou intelectuais e comentaristas empenhados, sabe-se lá com que fins, em destacar a impropriedade de definir como "fascista" a teoria e a prática de Jair Bolsonaro e seus seguidores. Preferiu-se discutir se marola é tsunâmi a organizar uma eventual fuga para as montanhas. Hoje, cheios de razão, estão prestes a morrer afogados.

E tome Hannah Arendt, Norberto Bobbio, George Orwell e mal disfarçada Wikipedia para explicar por que seria exagero, tergiversação ou ignorância associar fascismo à peculiar concepção de sociedade que se traduz nos atos e planos do capitão, sua família, seu economista, seus generais e recrutas. Provou-se, por evidente, que Bolsonaro não é Stálin, Hitler nem Mussolini. Agora, com a besta à solta, quando se intimida, agride e mata em nome do que o rigor não deixa dizer, os zeladores do léxico político balbuciam, em tom moral, paráfrases de *Pedro e o lobo*: tanto se gritou — em vão, insistem — contra o fascismo que diante da ameaça real corre-se o risco de ninguém acudir.

Na Itália de 1975, Pier Paolo Pasolini levava bordoada da esquerda e da direita pela suposta impropriedade política e ideológica de apontar o ressurgimento do fascismo.

Gay e comunista, o cineasta não delirava, é claro, com uma volta dos camisas-negras, mas denunciava sem rodeios como o fascismo era normalizado. Toda homogeneização, do consumismo ao racismo, visava, segundo ele, "a reorganização e a normalização brutalmente totalitárias do mundo". Fazia do fascismo uma palavra de combate, perfeitamente inteligível, e temia ser vítima do que denunciava. Foi massacrado por um garoto de programa poucas horas depois de dar uma entrevista que, quando publicada no *La Stampa*, ganhou do repórter Furio Colombo o título que o próprio Pasolini recomendara: "Estamos todos em perigo".

Jason Stanley nasceu em 1969, é especializado em filosofia da linguagem e dá aulas em Yale. Nos últimos dez anos, tem estudado propaganda política e acaba de lançar *How Fascism Works*,* livro curto e elucidativo que mostra como e por que o discurso de Donald Trump é comparável, e não só retoricamente, a alguns dos mais notórios líderes fascistas da história — que por sua vez inspiram movimentos espalhados pelo mundo. Num vídeo para o *New York Times*, Stanley enumera essas ocorrências na medida em que contornos de mapas piscam na tela — o do Brasil é o terceiro a aparecer.

"Vocês vão dizer que estou tentando assustar vocês com esses paralelos", pondera Stanley. "E, quer saber? Estou mesmo."

No Tinder ideológico, Bolsonaro dá *match* no perfil de liderança fascista traçado por Stanley. Na base de tudo, a mitificação do passado e seu uso para controlar o presente: a ditadura é a ordem perdida a ser recuperada. A política é

---

* Publicado no Brasil em 2018 pela L&PM com o título *Como funciona o fascismo: a política do "nós" e "eles"*, em tradução de Bruno Alexander. [N.E.]

oculta sob imperativos morais: "campanhas anticorrupção estão frequentemente no cerne de movimentos políticos fascistas" e os conduzem ao poder por eleições. O anti-intelectualismo garante o discurso da nação, "atacando e desvalorizando" a universidade e todo tipo de educação que não leve ao reforço de ideias dominantes — estudos de gênero, por exemplo, são duplamente indesejáveis, pois questionam a família patriarcal e geram a "ansiedade sexual" manifesta no preconceito.

Na política fascista, o debate público é substituído por manifestação de raiva e imposição de medo, criando uma "irrealidade" facilmente controlável. Exalta-se uma hierarquia "natural" de fortes sobre fracos, homens sobre mulheres, brancos sobre negros, héteros sobre gays — qualquer abalo dessa ordem implicando a vitimização do dominador. O fascista, lembra Stanley, nem sempre quer conquistar o mundo ou organizar o extermínio. Seu objetivo é naturalizar como democrático o autoritarismo.

O risco não está, portanto, só naquilo que um fascista eleito possa fazer, mas no que ele autoriza. Advertiu-se muito sobre o ovo da serpente, mas no Brasil o estrago foi feito enquanto se esperava o ovo do galo.

26 de outubro de 2018

INTELECTUAL SEM POSIÇÃO: VEREDAS

Como eu ia dizendo antes de ser rudemente interrompido — que época para se viver! —, o anti-intelectualismo tem tantos nomes quanto o diabo no meio do redemunho. No Brasil de hoje há quem os decline de caso pensado — a torcida Ferrabrás não para de crescer. Outros, no entanto, julgam abjurá-los enquanto se aninham nos braços do Capiroto. Se os adoradores do Rasga-Embaixo dispensam consideração porque estridentes, os outros, discretos, estão promovendo uma lenta corrosão do que restou de vida inteligente entre nós.

Não, eles não são terraplanistas, não desqualificam a luta por direitos civis nem se opõem à descriminalização do aborto. Muito pelo contrário. Obedecendo uma lógica semelhante à da "escola sem partido", afirmam-se como "intelectuais sem posição". É aí que o Tisnado torce o rabo.

O Intelectual Sem Posição, de agora em diante ISP, é sutilmente anti-intelectual porque pode ser bem-informado, muitas vezes é bem formado, mas abre mão voluntariamente de características que fundam o intelectual público: a defesa mandatória de um ponto de vista claro, às vezes de uma causa e, sempre, de um conjunto de valores. Para os ISP a vida é, como dizia Nelson Rodrigues, a busca desesperada de um ouvinte. Ainda mais se esse ouvinte clica, compartilha e, com sorte, viraliza — é nas veredas virtuais que o Danado faz a festa.

Para evitar tomadas de posição inequívocas, os ISP usam a média e o senso comum como régua e compasso para o que escrevem. Assim como a "escola sem partido" quer fazer passar por "neutralidade" sua ideologia conservadora, no dicionário dos ISP "independência" é sinônimo de ataques sutis e localizados, porém ostensivos, aos valores e às práticas da esquerda. Essa prodigiosa liga de posicionamentos escamoteados permite condenar a direita pelo que ela tem de indefensável, desde que não se esqueça de magnificar qualquer erro do outro lado — em suas encarnações mais vulgares, os ISP defendem inclusive direita e esquerda como um dualismo anacrônico.

O Facho-Bode aplaude, incógnito, numa plateia que, pouco disposta à trabalhosa mensagem da democracia, decidiu assassinar o mensageiro.

Você nunca receberá de um ISP um zap com memes agressivos e muito menos as imundas *fake news*. Na imprensa ou na rede, o ISP oferece, ao contrário, minutos de autoproclamada sensatez e análises de salão devidamente desidratados de energia contestatória ou fagulhas de controvérsia. Fascinado por sua própria razoabilidade, o ISP não dispensa um perfume de teoria política — está na moda o Hannah n°5, assim batizado em homenagem àquela que, num tribunal de Israel, percebeu as astúcias do Azarape. Fino, elegante e sincero, o ISP que se preza salpica pelo menos uma gota por comentário.

Veementes do óbvio, enojam-se com a perspectiva de seus filhos voltarem a cantar o Hino Nacional, formados em pelotão na escola. Devidamente protegidos por óculos escuros, repudiam a família tuiteira como se nada tivessem com os corvos que ajudaram a criar. Não hesitam, no entanto, em apoiar um golpe de Estado na vizinhança porque, ora, ora, já chega dessa gente. Para eles, minions e militantes

[33]

nasceram na mesma chocadeira. É aí que o Severo-Mor quer gargalhar, mas se contenta com um sorrisinho — pois é profissional e não está aí para chamar atenção.

Pendurados onde podem e sempre espreitando um galho mais alto, os ISP são desassombrados alpinistas. Quando reforçam o orçamento em palestras para cidadãos indignados, atacam o que a turba quer ver atacado. Quando decidem nos explicar o mundo, exibem seu equilíbrio de anedota, botando os pingos nos is e advertindo, sérios, que está na hora de o governo governar — "e não continuar como a esquerda, blá blá blá". Afinal, o funcionário da platitude precisa manter-se longe dos riscos implicados no "drama da opinião". E o lugar mais seguro é sempre aquele perto do poder. De algum poder. De qualquer poder. O Que Azeda se lambuza.

Em *O anti-intelectualismo nos Estados Unidos*, Richard Hofstadter mostra como esse fenômeno varria seu país de tempos em tempos — Pulitzer de 1964, publicado por aqui três anos depois, o calhamaço trazia memória viva do macarthismo. A perspectiva do tempo, que felizmente datou o livro, só dá uma certeza: a de que a conta da negligência virá, mais cedo ou mais tarde. Aliás, já está vindo: a cada texto anódino do intelectual sem posição, Olavo de Carvalho ganha ares de Jean-Paul Sartre.

O Manfarro se esbalda. Travessia.

14 de março de 2019[*]

---

[*] A partir desta data, tendo deixado a revista *Época*, o autor passou a ser colunista da *Quatro Cinco Um*.

A CRÍTICA DA RAZÃO LACRADORA

Lacrar é preciso, debater não é preciso.
#*vdd* #*fato* #*ficadica* #*prontofalei*

MÉTODO QUE ORIENTA estratégias de ação direta no imediatismo das redes ditas sociais, a razão lacradora não vem de hoje. Volta e meia dá o ar de sua graça, parecendo realizar a utopia reacionária de um mundo sem esquerda ou direita, não mais dividido entre progressistas e conservadores — todos aplainados na tábula rasa da agressividade superficial como método. Pois a razão lacradora desconhece sinalização ideológica: em sua lógica só há lacradores e lacrados, que trocam de posição ao sabor de movimentos impetuosos. A autocracia tuiteira, por exemplo, prefere lacrar a governar e, quando lacra, é lacrada por quem pensa a ela se opor. Vozes empoderadas lacram forte, lacram alto, até que são lacradas e voltam a lacrar mais forte, mais alto. Quem lacra, lacra alguém ou alguma coisa. E costuma passar ao largo do essencial.

RONALD RUSSEL WALLACE DE CHEVALIER, o Roniquito, foi caso raro de lacrador recreativo, lacrador-arte, que lacra pelo prazer de lacrar. Numa noite perdida no Antonio's, o personagem-símbolo do folclore boêmio carioca dos anos 1960 interpela o pobre Antonio Callado:

"Callado, você conhece o Faulkner?"
"Conheço, Roniquito."
"E diante do Faulkner, você não se acha um merda?"
"Acho, Roniquito."
"E quem é você pra achar isso?"
#roniquito #lacrou #callado #fail

ILUMINISTA COMO UM miliciano, o lacrador primeiro bate, depois pergunta — isso quando pergunta. Quem lacra sempre vence, mesmo que seja derrotado. Já quem é lacrado nem sempre perde — a extensão da derrota depende da estatura do vencedor. O lacrador é um boxeador improvável, quicando sozinho num ringue e acreditando que é campeão em tudo, sobre todos, sempre por nocaute. No fundo é um coração simples, que se contenta com pouquíssimo.

AOS 31 ANOS, James Baldwin escreveu em *Notas de um filho da terra*: "O preço que um negro paga para aprender a se exprimir é constatar, no final das contas, que não há nada a ser expresso". Argumentava que conquistar a voz não bastava; era preciso se apropriar de Shakespeare, da língua inglesa, transformar por dentro a cultura que fez dos negros "bastardos do Ocidente". Eldridge Cleaver, líder dos Panteras Negras, achava-o no mínimo condescendente: "Há na obra de James Baldwin o mais cruel, total e agonizante ódio pelos negros, a começar por ele mesmo, e o mais vergonhoso, fanático, adulador e obsequioso amor pelos brancos que se pode encontrar nos

escritos de qualquer escritor negro americano digno de nota em nossa época".
#cleaver #lacrou #baldwin #fail

A RAZÃO LACRADORA PARECE rigorosa, mas coleciona vitórias de Pirro. Quando, na refrega, o lacrador prevalece, parte para nova lacração. Ao lacrado resta o silêncio, que é objetivo último da lacração, mas, também, sua frustração e agonia. Por isso é preciso eleger o próximo lacrado. Incansável e nômade, a razão lacradora é extenuante.

ENTRE O FINAL DE 1945 e o início de 1946, Karl Jaspers proferiu quatro palestras na universidade de Heidelberg sobre a culpa nacional no pós-guerra. "Uma postura que silencia, orgulhosa, por um breve momento pode ser uma máscara justificada, atrás da qual se busca respirar e recobrar a consciência. Mas ela se transformará em autoengano e em astúcia diante do outro se for permitido esconder-se, renitente, em si mesmo, se ela impedir o esclarecimento para escapar da compungência da realidade", advertia aos exaltados na introdução de *A questão da culpa: a Alemanha e o nazismo*.
#jaspers #antilacrador

UM DOS PIORES EFEITOS da razão lacradora é fazer com que se valorize aquela que se pretende seu contraponto, uma razão supostamente consensual, leniente e frouxa que tem sido invocada como remédio para embates mais exaltados. Há sempre um intelectual sem posição, um ISP, para lamentar enfrentamentos vigorosos feito uma viuvinha suspirosa. É um apologista do debate pingue-pongue (por um lado, por outro lado) que também não dá em nada, mas dá pinta de conversa inteligente.

AO VISITAR O BRASIL, em 1960, Jean-Paul Sartre declarou, peremptório: "O marxismo é inultrapassável". Nelson Rodrigues, reacionário desde criancinha, nos tempos da Aldeia Campista, replicou: "Esse 'marxismo inultrapassável' é uma opinião de torcedor do Bonsucesso".
#sartre #lacrou #nelson #lacrou #sartre #fail

O TEXTÃO É UM ARREMEDO do manifesto. No universo do Zucka, em que ele entra com o livro e a gente com a cara, todo mundo tem direito a quinze minutos de ativismo — direito conquistado com o suor advindo do trabalho não remunerado, em tempo integral, como produtor de "conteúdo". É a oportunidade de virar um Zola de chanchada e sair por aí apontando o dedinho para todo mundo e para ninguém: "Eu acuso!". Curtiu?

NO DIA 17 DE ABRIL de 1969, Theodor Adorno daria uma aula sobre a relação entre teoria e práxis na Universidade de Frankfurt. Acusado de covarde pelos estudantes, amotinados contra o capitalismo e tudo o que ali estava, foi impedido de falar. Na sala ocupada, alunas caminhavam de *topless* pelo tablado. "Justo comigo, que sempre me voltei contra toda sorte de repressão erótica e contra tabus sexuais!", diria ele à revista *Der Spiegel*. "Submeter-me ao ridículo e atiçar contra mim três mocinhas fantasiadas de hippies! Achei isso abominável. O efeito hilariante que se consegue com isso no fundo não passava da reação do

burguesão, com seu riso néscio, quando vê uma garota com os seios nus." A entrevista, publicada em 6 de maio, foi a última que concedeu. O curso não seria retomado: Adorno morreu em agosto daquele ano.
#estudantada #lacrou #adorno #fail #adorno #rip

A RAZÃO LACRADORA É O ESPÍRITO do nosso tempo. Se mantido o virtuosismo com que é aplicada, em pouco tempo seremos todos imbatíveis. E, quem sabe, em 2022, à sombra das lacrações em flor, a confirmaremos no poder por mais quatro anos. Pois lacrar é só o que eles precisam. E é tudo o que podem.

23 de maio de 2019

QUANDO O JUIZ É O POLICIAL

Agora que, é oficial, o Brasil tem um enorme passado pela frente, um número do *Opinião* de 1973 traz uma das mais agudas análises de 2019. "A verdade de repressão", ensaio de Antonio Candido discretamente publicado em três colunas, sem ilustração, nos dá pelo menos duas notícias, uma histórica, outra contemporânea. A primeira testemunha o momento em que intelectuais não se refugiavam na chamada "alta cultura" para justificar isentismo e proclamar suposta independência política. A outra, mais importante e consequência daquela, junta Balzac, Dostoiévski, Kafka e *Investigação sobre um cidadão acima de qualquer suspeita*, o filme de Elio Petri, para discutir o papel da polícia e do Judiciário em sociedades que se pretendem democráticas.

Naquela terceira semana do ano, janeiro pela metade, a *Rolling Stone* brasileira fechava as portas — conforme constatava Luiz Carlos Maciel, seu editor, "a transação do rock é culturalmente revolucionária, mas é completamente ligada à estrutura capitalista americana". No Rio de Janeiro, toda sexta-feira uma roda reunia em Botafogo Clementina de Jesus, Nora Ney e Beth Carvalho em "para salvar o samba do processo de turistização e da invasão de ritmos estrangeiros". Em Brasília, debatia-se um novo Código Civil e uma Ginger Rogers já fora dos holofotes era contratada pela ditadura como garota-propaganda do Brasil nos Estados Unidos.

Depois de proibir a circulação da *Playboy*, Alfredo Buzaid, ministro da Justiça de Médici, manda recolher uma edição de gravuras eróticas de Picasso com base na "defesa da moral e dos bons costumes". Caetano Veloso era onipresente com o lançamento, num espaço de poucas semanas, de *Caetano e Chico: juntos e ao vivo*, *Araçá azul* e um compacto com "É coisa do destino" e "Um frevo novo".

Menos de um ano depois de a Anistia Internacional ter contabilizado 1.081 casos de tortura e 472 denúncias apontando torturadores no Brasil, Antonio Candido lembra em seu breve ensaio que repressão não é exclusividade de ditaduras. Já em Balzac, "que percebeu tanta coisa", a polícia deixa de ser direta e brutal como os regimes de exceção e, "mais hermética e requintada", espalha-se pela sociedade numa rede de delatores. O único limite, observa Candido, é não transgredir um "requisito intransigente" da burguesia, desde então inegociável: "a tarefa policial deve ser executada implacavelmente, mas sem ferir demais a sensibilidade dos bem-postos na vida".

Se no Dostoiévski de *Crime e castigo* acusador e acusado fundem-se num cadinho de culpabilização e punição, Kafka será responsável, sobretudo em *O processo*, pelo mais bem-acabado retrato da repressão no Estado moderno. Na imaginação assombrosa daquele que para Brecht foi "o único escritor verdadeiramente bolchevique", as forças policiais tornam-se inseparáveis das instâncias de Justiça, e esta assume "cada vez mais um aspecto de polícia". Nessa concepção de mundo, reprimir "adquire um sentido transcendente" e passa a ser "sua própria finalidade".

O pesadelo kafkiano não é absurdo ou fantasioso; ao contrário, resulta realista e bem concreto. Afinal, observa Candido, "a polícia-justiça de Kafka não tem necessidade de motivos, mas apenas de estímulos. E uma vez em funcionamento não pode mais parar, porque a sua finalidade é ela própria". Nesse *frisson* repressor, suspeição não carece de prova e, sintetiza ele, "a materialidade da culpa perde sentido".

A função dessa polícia-justiça, ou justiça-polícia que não diz respeito apenas à literatura, é "construir a verdade do *outro* para poder manipular o *eu* do seu paciente", ou seja, pressionar e ameaçar a presa da vez até que ela se molde e identifique com o culpado necessário naquele momento, o "outro" da vez. Os objetivos dessa operação se traduzem na variedade e na gradação dos substantivos "colaboração, submissão, omissão, silêncio".

Os 46 anos que nos separam do ensaio mantêm intocados o frescor e a atualidade da análise. Pois o Brasil insiste, perversamente, em desmoralizar a história.

19 de junho de 2019

O COACH DE ESQUERDA

O Intelectual Sem Posição finalmente encontrou seu lugar no governo de extrema direita: tem ganhado a vida como *coach* de esquerda. Funciona assim: a cada ignomínia do Planalto, o *coach* contrapõe uma falta pretérita da esquerda, com o nobre objetivo de orientar o debate no caminho do equilíbrio, desenhar o mapa do centro para os pobres-diabos que, incorrendo em rude falta histórica, tratam fascistas como fascistas. E, vez por outra, insistem, desagradáveis, em lembrar a responsabilidade de quem elegeu quem aí está.

O *coach* de esquerda faz reiterados elogios ao diálogo. Desde que o diálogo aconteça de acordo com as suas regras e nos termos que ele estabelecer. Para ele, é mais importante corrigir os vícios dos desprezíveis esquerdistas do que cerrar fogo contra os ataques do Planalto à democracia. Antes de falar, propõe o *coach*, a esquerda tem que ajoelhar no milho ideológico.

O *coach* de esquerda fala como quem dá palestra, com pausas — inteligentes. Escreve como quem dá instruções. Frases curtas. E definitivas.

Modesto por conveniência, finge admitir que seu ponto de vista até pode não ser o correto, mas, paciência, é mesmo o mais aceitável. Sempre observa o quão difícil é a conjuntura para mostrar que não só compreendeu essa complexidade como dispõe de indicações, todas equilibradas, sobre as melhores formas de enfrentá-la.

O *coach* de esquerda adora especialistas. Se forem estrangeiros, melhor ainda. Com seu conhecimento wikipédico de história, listam as experiências de regimes de esquerda autoritários — que são vários e inquestionáveis — para sustentar que, por uma espécie de fatalismo, ideias e práticas desse campo já nascem comprometidas. De forma didática, defendem que o capitão, sua família, seus generais e suas milícias, digitais ou não, fazem hoje "com sinal trocado" — anotem essa expressão — o mesmo que os governos de esquerda recentes.

Para o *coach* de esquerda, há equivalência plena entre as hostilidades presidenciais e a retórica populista de pobres contra ricos tantas vezes repetida pelos governos de esquerda. Ele sempre explica a seu público, ávido por uma explicação qualquer, que na cantilena do "nós" contra "eles" está a raiz das ameaças a jornalistas e às populações indígenas, do nepotismo ostensivo, da incitação múltipla à violência, do elogio a gorilas torturadores, do desprezo pelos "paraíbas" — que recusaram nas urnas uma plataforma de governo abjeta.

A palavra mágica do coach de esquerda é "autocrítica" — desde que o prefixo reflexivo diga respeito a outros. Por isso, "autocrítica da esquerda" virou um gênero do jornalismo de opinião cultivado por ISPS consagrados e jovens arrivistas. Todos unidos contra o que identificam como uma "superioridade moral" da esquerda, expressão que resume o inextinguível ressentimento pelo prestígio da produção intelectual ligada aos anacrônicos militantes. É preciso, recomendam, ouvir os intelectuais à direita.

O *coach* de esquerda nasce menos da ideologia do que do mercado de ideias. Seu público, em expansão, precisa desesperadamente de indulgência eleitoral. É a turma que, em outubro último, diante de uma opção cristalina pela barbárie e outra, imperfeita, mas dentro das regras da civilidade, votou com o umbigo, na orgulhosa afirmação de que não se orientaria por "rótulos", de que os dois lados, como se diz em boa clicheria despolitizada, "não os representa".

São esses que remuneram o *coach* de esquerda em *likes*, *shares*, informações privilegiadas ou convites para palestras que ressaltam a necessidade de, adivinhem, uma autocrítica da esquerda.

Mais do que a profissão do momento, o *coach* de esquerda é a profissão do futuro: afinal, é pela desmobilização que se chega à reeleição.

15 de agosto de 2019

LIVROS CONTRA O AUTORITARISMO

A censura voltou. Felizmente de forma explícita, na iniciativa de um teocrata oportunista que, de olho nas eleições de 2020, decidiu fazer festinha em seu rebanho pedindo a apreensão de um gibi na Bienal do Livro do Rio de Janeiro. O beijo entre dois homens da HQ da Marvel pode parecer um motivo trivial, mas a pauta moral, tão tola quanto aparenta, é dos atalhos mais curtos para o cerceamento da liberdade de expressão. Nenhuma ditadura nasce ditadura, mas se torna ditadura.

É certo que, ao violentar a Constituição com a cumplicidade de um juiz, o fundamentalista de chanchada conseguiu o que queria, afagar os seus eleitores. Mas também despertou uma reação inequívoca dos editores de livros, que com raras e honrosas exceções vinham observando um silêncio preocupante diante das sistemáticas ameaças aos princípios democráticos anunciadas na campanha de 2018.

Há menos de um mês participei de uma conversa na Livraria Leonardo da Vinci, no Rio, sobre o que acontece com editores numa ditadura. Fui falar sobre Jorge Zahar, que biografei; o editor e livreiro Marcus Gasparian deu um depoimento sobre seu pai, Fernando, *publisher* do *Opinião* e da Paz & Terra; Américo Freire, pesquisador da FGV, lembrou a atuação de Ênio Silveira à frente da Civilização Brasileira. Na década de 1960 como hoje, continua valendo o princípio: livros são alvo preferencial do autoritarismo.

Os três editores foram perseguidos por fazerem circular ideias e valores contrários à ditadura civil-militar instaurada em 1964. No final daquele ano, no início da escalada de arbítrio, Jorge teve que tirar os filhos do Bennett, tradicional colégio carioca: o sobrenome Zahar tinha virado sinônimo de *História da riqueza do homem*, e o livro de Leo Huberman, um sinal exterior de pensamento crítico. Dos três, Jorge foi o único a não ser preso. Ênio, seu melhor amigo, respondeu a sete processos, e os pernoites na cadeia viraram rotina na vida de Fernando Gasparian.

Jorge e Fernando foram mais estratégicos no enfrentamento. Ênio desconhecia sutilezas. Pouco antes da quartelada, tinha lançado uma coleção, a Cadernos do Povo Brasileiro, com livrinhos baratos e didáticos de títulos sugestivos como *Quem dará o golpe no Brasil?*, *Por que os ricos não fazem greve?* e *Salário é causa da inflação?*. Em 1965 criou a *Revista Civilização Brasileira* e nela publicou duas "Epístolas ao Marechal", corajosas cartas abertas em que interpelava o marechal Castelo Branco. Sofreu represálias econômicas, ameaças físicas e até um atentado terrorista, que destruiu a livraria da Civilização Brasileira, no Centro do Rio. Do ataque, ficou um eloquente documento de barbárie, a foto terrível das portas da loja retorcidas sob um cartaz com o lema da casa: "Quem não lê, mal fala, mal ouve, mal vê".

Na tese de doutorado "A lista negra dos livros vermelhos: uma análise etnográfica dos livros apreendidos pela polícia política no Rio de Janeiro", a pesquisadora Luciana Lombardo Costa Pereira constatou que, na lista que nenhum editor gostaria de frequentar, os três primeiros lugares ficaram justamente com a Civilização Brasileira (60 títulos), a Paz & Terra (51) e a Zahar (30). Num relatório do período mais violento da ditadura, a Zahar era acusada de "ação ideológica antidemocrática" — talvez porque estampasse em seus livros o moto "a cultura a serviço do progresso social".

Em 1965, Ênio foi preso depois de ter oferecido um almoço a Miguel Arraes. O famoso IPM da Feijoada, é claro, não deu em nada. Mas no dia 29 de maio os principais jornais publicaram o manifesto "Intelectuais e artistas pela liberdade". Assinado por mais de mil nomes, o documento dizia: "Os intelectuais e artistas brasileiros abaixo-assinados pedem a imediata libertação do editor Ênio Silveira, preso por delito de opinião. Não entramos no mérito das opiniões políticas de Ênio Silveira, mas defendemos seu direito de expressá-las livremente, direito garantido pelo artigo 141, parágrafo oitavo, da Constituição do país: 'Por motivo de convicção religiosa, filosófica ou política, ninguém será privado de nenhum de seus direitos.'".

Mesmo com mobilização cerrada, a ditadura só se intensificaria, com mais prisões, tortura, mortes e exílios. A anistia, marota, foi seletivamente ampla, relativamente geral e, definitivamente, nada irrestrita. Intacto, o autoritarismo continuou reproduzindo sua lógica nas sombras e nas instituições. E, uma vez mais, bota na mira os livros, aqueles que os publicam, os que os escrevem e os que os leem contra a imposição de valores nefastos.

10 de setembro de 2019

EM DEFESA DA POLARIZAÇÃO

1. "Polarização" é a saúva da política: ou o Brasil acaba com ela ou ela acaba com o Brasil. Na mesma linha, pode-se dizer: pouco diálogo e muita "polarização", os males do Brasil são.
2. Nada melhor do que um clichê para acomodar leniência intelectual. O clichê é quentinho, é canja de galinha no final de um dia exaustivo, passando o pano em arbitrariedades municipais, estaduais e federais. Mas sejamos empáticos, que está na moda: tem uma turma que não quer ou não consegue ir além do clichê, precisa dele, e, dentre os clichês disponíveis, "polarização" é o ideal para que se finja analisar o país.
3. Se polarização é o confronto de posições inapelavelmente opostas, a decência nos obriga, sim, a polarizar. Nos obriga a estar sempre no extremo oposto de quem defende invasão de terra indígena, extermínio de populações pobres, tortura, ditadura, censura. Diante do que se tem visto, lido e ouvido, só polarizando — mas para valer.
4. O Instituto Acaciano de Pesquisas Interdisciplinares tem nos revelado dados interessantes sobre a polarização. Concluiu recentemente que pessoas de esquerda consomem livros de esquerda. E que, vejam só, as de direita preferem títulos de direita. Os livros de esquerda vendem mais do que os de direita. Talvez porque aqueles tenham sido escritos na USP ou em Harvard e estes sejam

elaborados em redes sociais. Mas ainda não é possível afirmar nada. Aguardemos novas sondagens.

5. A Liga Hebe Camargo de Combate à Polarização pede inspiração à sua madrinha para deter a destruição das relações pessoais. Seu moto é: "Não vamos deixar a política estragar a amizade". Por que uma pessoinha linda de viver rompe com outra que apoia o excludente de ilicitude ou o tiro na cabecinha? Por que magoar uma gracinha de isentoninha, que perdeu o lugar no muro e não sabe para onde pular? É muito triste, minha gente. Vamos nos unir e superar tudo isso juntos, lado a lado. Do jeito que está, todos perdemos.

6. A Associação de Colunistas Equilibrados também tem suas questões. Chegou a levar ao seu conselho, para julgar eventuais expulsões, membros que pareciam fora de si e passaram a atacar frontalmente, sem adversativas, a autocracia tuiteira. Descobriu-se, no entanto, sob inspiração do camarada Mao, que era só fazer um processo de reeducação — "com sinal trocado", como diz o decálogo da organização. Todos, ao que se saiba, voltaram ao normal, culpando uma coisa chamada "a esquerda" pela falta de diálogo geral.

7. O Coletivo Hipster de Jornalismo Gonzo, organização descentrada, em rede, criou uma *thread* para lembrar a necessidade de tratar com empatia — olha ela aí, gente — todos os arroubos fundamentalistas e autoritários da vida política brasileira. Lembremos que, de sequestradores de indígenas a fanáticos religiosos, todos têm um lado humano, um pouco pitoresco e até *vintage* a ser valorizado. Tratá-los como é devido, nem pensar: seria reforçar, ui, a "polarização".

8. Os Estados Gerais do Bacurau têm debatido em assembleia permanente os equívocos do que parece um filme, mas é um poderoso psicotrópico polarizante. Chiliques

são registrados em todo o espectro ideológico, dos cinéfilos puritanos revoltados com tanto "clichê" — e, é claro, com a aceitação ampla do público — aos intelectuais de terninho advertindo sobre iminente guerra civil. A polarização da "polarização" vai longe.

9. Escrever e pensar, propõe Martin Amis, é declarar uma guerra permanente contra o clichê, "não apenas contra os clichês da escrita, mas também os da mente e do coração". Em literatura pelo menos, lembra o escritor inglês, uma crítica negativa é sempre um posicionamento contra as soluções repetidas, esquemáticas. O elogio, por sua vez, invariavelmente está vinculado às ideias cheias de "frescor, energia e reverberação da voz".

10. A ladainha contra a "polarização" é, na prática, o uso do clichê contra o clichê. Exime quem o invoca de responsabilidade e, na prática, é um princípio de imobilismo. Precisamos de mais polarização para valer, de posicionamentos mais firmes do que aqueles que hoje se condenam como "polarização". A cada ataque às liberdades civis deve-se reagir com a mesma intensidade e empenho.

Polarizar é, hoje, legítima defesa.

15 de outubro de 2019

ALLONS MUCHACHOS

Um milhão de chilenos não derrubaram o governo, mas produziram nas ruas uma imagem de pura potência — o que não é pouco. O flagrante de manifestantes escalando um monumento do centro de Santiago correu o mundo por seu simbolismo evidente: entre bandeiras do país e faixas brancas e vermelhas, o quadro é dominado por um homem de braços abertos que, acima da multidão, de pé sobre a estátua equestre do general Baquedano, exibe outra bandeira, a dos Mapuches — povo indígena que lutou por mais de trezentos anos para defender seus territórios em partes do Chile e da Argentina.

O instante decisivo no protesto de 25 de outubro não foi capturado por um profissional à caça de imagens, desculpem o termo, "icônicas". Susana Hidalgo, uma atriz de 33 anos, participava da manifestação quando, logo depois de um helicóptero passar sobre a multidão, fez o registro com a câmera do celular. Em entrevista à BBC Brasil, ela diz não ver na cena "ódio ou divisão", mas "uma revolução e o sonho de um país livre e unido".

De imediato, a imagem se impõe por despertar a solidariedade com aqueles que, mesmo debaixo de tiro, porrada e bomba, têm o brio de se sublevar por uma vida melhor. Para os brasileiros ainda não lobotomizados, para os bolivianos humilhados, é um lembrete de que desmandos acumulados podem ser fermento de inconformismo — e a passividade, véspera da revolta. É ainda um recado duro do que sobrou dos chilenos depois de submetidos ao mesmo modelo econômico que hoje nos enfiam goela abaixo.

Chama a atenção ainda, no instantâneo de Hidalgo, os ecos de *A Liberdade guiando o povo*, a tela de Eugène Delacroix que se firmaria como emblema dos ideais democráticos inspirados na história francesa. As circunstâncias que cercam um e outra são evidentemente incomparáveis. Na imagem produzida há 189 anos, a Marianne, seios nus, bandeira da França numa mão, baioneta na outra, preside e comanda a cena como o faz, em 2019, o anônimo que desfolha o pavilhão mapuche. Aos pés da mulher que simboliza a *République*, nos escombros de uma barricada, soldados mortos e populares armados, conflagração e comemoração — uma alta voltagem emocional e política que também percorre a multidão que parece escalar o monumento em Santiago. Separadas pela história e pela geografia, as cenas se dão contra um céu de cores dramáticas e expressivas.

Susana Hidalgo tinha, então, tantas pretensões quanto qualquer um de nós quando saca sua câmera. Delacroix procurou fixar na tela fragmentos do que viu ao caminhar pela Paris dos "Três Gloriosos", como ficaram conhecidos os dias de revolta que, em julho de 1830, resultaram na deposição de Carlos X em favor de Luís Felipe I. Quando o quadro foi exposto no salão de 1831, fez-se o desconforto: a alegoria, com referência óbvia à Revolução Francesa, subvertia a assepsia própria desse tipo de representação ao introduzir elementos de realismo indesejado — pelo menos do ponto de vista de um levante conservador.

"O quadro de Delacroix é ao mesmo tempo abstrato e preciso, quase convencional", escreve o historiador da arte T. J. Clark, chamando a atenção para detalhes realistas da imagem, como as torres da Notre-Dame que aparecem no canto direito. "A tela combina mito e história com peculiar convicção, os dispõem literalmente juntos, lado a lado, sem sobressaltos. O quadro é uma alegoria, mas uma alegoria localizada num lugar específico, num dia específico. [...] Naquele momento, a Liberdade surge e conduz o movimento. Mas ela é a Liberdade dentro de um contexto: ela é mito, mas um mito temperado e circunscrito pela sua localização."

Por décadas seguintes ao salão de 1831, os franceses foram privados de apreciar *A Liberdade guiando o povo*, hoje exposta em lugar de honra no mesmo Louvre que a escondeu em seus porões. O quadro de Delacroix incomodou o poder como a imagem chilena jogou gasolina na fogueira de boçalidade em que crepitamos. Talvez porque o acaso de um celular tenha dado um curto-circuito em Delacroix: a imagem que o povo chileno produziu e uma manifestante registrou é obviamente realista, mas exala força simbólica e mítica impressionantes. Como em outros momentos da história, nos lembra que revolta é, muitas vezes, sobrevivência.

14 de novembro de 2019

A NOIVINHA DO BRASIL FASCISTA

Enquanto os camelôs da moderação apregoam o seu produto malhado — "não é fascismo!", gritam, numa derradeira tentativa de limpar a barra da sua leniência com o capitão — Regina Duarte, a mocinha que encantou a ditadura, amadurece consagrada como a noivinha do Brasil fascista.

Regina é reacionária e cafona, o que parece perfeito para este momento do bolsonarismo. A fidelidade à matriz ideológica garante, obviamente, a manutenção da pauta obscurantista. O inquebrantável apelo piegas ajuda a acalmar os ânimos quando a extrema direita ultrapassa alguns dos poucos limites ainda existentes. Regina Duarte é a perfeita encarnação da ideia de cultura que se abateu sobre nós.

O processo que culminou em sua nomeação foi conduzido por ela, com espantoso apoio de parte significativa da imprensa, como uma peripécia de melodrama. Fazendo a moçoila desmiolada, papel que tanto interpretou, coadjuvou um "noivado", simulou dúvidas e impasses até o "sim" final. Ao longo do processo, apareceu dando risinhos nervosos e suspiros ansiosos abraçada, arrulhante, ao noivo — quer dizer, ao chefe.

Na semana passada, jornalistas profissionais comentavam o convite de Regina para a secretaria como se acompanhassem uma novela. Torciam constrangedoramente pela "grande atriz", "politizada", aquela que "não é radical" e irá pacificar a vida cultural do Brasil "polarizado" (risos).

A única forma de entender esse súbito lustro em seu currículo é, parece evidente, a comparação com o Goebbels Tabajara (© Sérgio Augusto). O raciocínio é que Regina representaria um ganho em relação a um sujeito que, com o apoio evidente do presidente, asperge gotas de nazismo sobre a cultura brasileira.

A tese de que Regina representa um ganho é, portanto, um abraço de afogado no senso comum e só se sustenta na base da má-fé, do fanatismo ou de ambos.

Tanto o nazista de anedota quanto a noivinha do Brasil fascista são nefastos. Ao som de Wagner ou de Fagner, ambos defendem a mesma política de Estado para a cultura, baseada em ideologização tosca e, é claro, em expurgos numa guerra cultural imaginária. Mudam os atores, o cenário e o figurino, mas o roteiro é o mesmo.

É ainda perverso imaginar que Regina Duarte seria a possibilidade de diálogo com o governo. Diálogo só acontece quando há condições mínimas para tal, quando se diverge com respeito. No mandato que aí está, simula-se conversa para adiar o ato arbitrário, a virada de mesa. Não se pode, portanto, dar trégua a seus movimentos.

Regina Duarte, como se sabe, confiava de olhos fechados em Fernando Henrique e tinha medo do petê. Hoje se derrete em elogios para um defensor do armamentismo, da perseguição a jornalistas e a inimigos políticos. Quando o noivo, ou melhor, o chefe, sobe o tom, ela diz que "é da boca para fora". As tias do zap piram.

O Brasil inicia, agora, mais uma fase gloriosa rumo ao obscurantismo. Como timoneira da cultura temos essa "grande artista", "pessoa séria" e "moderada". Regina Duarte é a pessoa certa no lugar certo.

31 de janeiro de 2020

A MENTIRA ACIMA DE TODOS

"Brasil acima de tudo, Deus acima de todos" é a epígrafe do capítulo mais deprimente de nossa história nas últimas décadas. Se o bolsonarismo ainda não rivaliza com a ditadura militar em número de assassinados pelo Estado, com ela se ombreia no projeto de controle total do poder, na fundadora aversão à liberdade, na disseminação do preconceito, na consagração do moralismo hipócrita. A combinação de nacionalismo tacanho e fundamentalismo religioso propagada por retórica violenta não é, no entanto, um resultado único da associação entre um político do baixo clero, sua família disfuncional, um economista sem expressão, um juiz maleável e um astrólogo de quermesse. Originalidade, afinal, não é mesmo o forte dessa gente, que atualiza no Brasil de hoje estratégias historicamente consagradas pelo fascismo.

Ler em plena pandemia, no isolamento total, *A Brief History of Fascist Lies** ilumina essas origens e, como queria Walter Benjamin, organiza o pessimismo. O breve livro de Federico Finchelstein, historiador argentino que vive e ensina nos Estados Unidos, conecta Donald Trump, Jair Bolsonaro, Viktor Orbán e que tais às suas raízes nos movimentos fascistas europeus e latino-americanos do

---

* Publicado no Brasil em 2020 pela Vestígio/Grupo Autêntica com o título *Uma breve história das mentiras fascistas*, em tradução de Mauro Pinheiro. [N.E.]

século XX para mostrar como essas criaturas nocivas ao que é humano caminham no fio da navalha entre um populismo de extrema direita e a efetiva e sistemática imposição de um regime de força e aniquilação. Na melhor das hipóteses, podem não passar de "leões herbívoros" — imagem que, lembra Finchelstein, Juan Domingo Perón usava para proclamar sua suposta moderação.

"Ainda não está claro o quão longe Bolsonaro vai trilhar o caminho do populismo ao fascismo", escreve o autor, que concluiu o livro no ano passado e, portanto, não viu a contribuição da covid-19 para o metabolismo político do nosso Führer de chanchada. Desde março, quando foi lançada a publicação da California University Press, o Mito (*sic*) já tinha avançado muitas casas no tabuleiro da autocracia: escondeu resultados de seus exames depois de voltar dos Estados Unidos com uma comitiva contaminada, incinerou em praça pública um ministro da Saúde pouco brilhante mas sem traços aparentes de psicopatia, deixou claro que os velhos podem morrer, conclamou os mais novos (e principalmente os mais pobres) às ruas, tossiu em cima deles e os abraçou, atacou o que vê como a propaganda socialista da Rede Globo, inventou um remédio redentor para a doença e, em seu ponto mais baixo, discursou em manifestação que pedia golpe militar e novo AI-5.

A indignação, essa paixão inútil, sacudiu as redes sociais: almas simples confessaram "não encontrar palavras" para definir os atos do presidente; legalistas denunciaram, contundentes como um FHC, que o capitão "passou dos limites". Incontáveis outros replicaram, em tuítes e brados acompanhados por panelas, a palavra de ordem mais inócua dos últimos anos, o "fora" alguma coisa. Há a hipótese de que todo esse espectro de vozes, da ingenuidade à hipocrisia, suponha que estejamos vivendo uma crise política contra um pano de fundo de razoabilidade. Erro rude. Se, como ensina o clichê, numa guerra a primeira vítima é a verdade, na política fascista o fundamento inegociável é a mentira. Vamos combinar que nem Irmã Dulce levaria a sério o Evangelho de João segundo Jair. Sempre que ouço o Grande Líder repetir "E conhecereis a verdade, e a verdade vos libertará", tenho certeza do contrário. Ainda que a mentira, como observa Finchelstein, seja sempre associada ao jogo político, à malversação de poder e recursos, no caso do fascismo ela ocupa o lugar de fundamento, da substância de uma das "verdades absolutas" que se propagam. A inferioridade de negros e indígenas, por exemplo, supostamente "comprovada" por "evidências", não é uma mentira no sentido clássico — o de um artifício que busca engabelar o cidadão —, mas o princípio básico de um sistema de valores racistas erguido para solapar a realidade verificável. Na Alemanha de Hitler e nos Estados Unidos de Trump, na Itália de Mussolini e na Hungria de Orbán, o que é comprovável e demonstrável por razão, fatos ou ciência pode ser potencialmente falso quando se mostra inconveniente para a estratégia de perpetuação dos líderes.

Numa democracia, o líder é o representante dos interesses e dos anseios dos seus eleitores. No fascismo, o que se põe em dúvida é a própria ideia de representatividade: o líder não é o titular de um mandato transitório, mas ele mesmo a encarnação da verdade, uma verdade mítica de bem comum, de justiça e de moral. Não há possibilidade de questionamento porque, ao se proclamar como a materialização do "bem", ele lança à vala comum do "mal" ideias, pessoas e instituições que dele divirjam ou que nele denunciem a falsificação de raiz. "Eu sou a Constituição", bradou nosso Luís xiv de carro alegórico, demonstrando e resumindo, com notável poder de síntese, todo um capítulo de Finchelstein. Não por um acaso, cidadãos agressivos, muitas vezes armados, ostensivamente racistas e homofóbicos, enchem a boca para dizer: "Somos pessoas de bem".

No regime da mentira, em que as *fake news* são os cães de guarda mais estridentes, a falsificação essencial é a do passado. "Se a história era uma narrativa, o fascismo era um princípio", escreve o autor sobre procedimentos comuns a regimes totalitários do passado. "A tarefa dos fascistas era aplicar este princípio às circunstâncias do momento. Eles queriam impor o fascismo à narrativa histórica." Numa demonstração hiperbólica desse princípio, o bolsonarismo sustenta que não existiu ditadura militar e que um torturador, cujo nome me recuso a declinar, deve ser considerado herói nacional — teses firmemente encampadas por hordas de seguidores que, talvez sem perceber, a cada dia abrem mão da independência de reflexão e da capacidade de avaliar criticamente seu passado e seu entorno imediato. E muito menos de especular sobre o que pode esperá-los em poucos anos.

O roteiro histórico do fascismo é objetivo e conciso no que diz respeito às formas de combater seus inimigos: discriminação, exclusão e eliminação. Menosprezar a dinâmica de destruição que leva de um momento para outro foi precisamente o que fizeram algumas de suas vítimas históricas — e, ainda assim, comentaristas e intelectuais brasileiros vêm minimizando, desde a última eleição, a periculosidade de ideias que estão, de fato, corroendo por dentro o Estado de Direito e que hoje irrigam cada manifestação contra a democracia ou o isolamento social. Finchelstein cita o Adorno de *Minima moralia*, e o repito aqui no fragmento "Mentira de pernas longas" (em tradução de Gabriel Cohn): "O seu [*das ações nazistas*] caráter inverossímil tornava fácil não crer naquilo que de modo algum se queria acreditar, e nisto ao mesmo tempo se capitulava diante dele".

Os inimigos de um líder fascista variam, como se pode ler nos jornais de hoje, de acordo com seus interesses em determinado momento. Atravessa a história, no entanto, qualquer opositor que se pode designar pelo genérico "comunista" e qualquer tipo de formulação intelectual que bote em dúvida ideias de unidade — da pátria ao corpo. Finchelstein dedica um capítulo a examinar o quanto a psicanálise representou uma ameaça para os movimentos fascistas do entreguerras até o nazismo. E poderíamos prolongar a analogia para o que é demonizado como "ideologia de gênero" por um heterogêneo grupo de pessoas que não leem sequer uma bula de cloroquina — que dirá um parágrafo de Judith Butler. No governo dos homens brancos de revólver a tiracolo, proclamar a identidade sexual como construção é crime de lesa-macho a ser punido com o silenciamento, da discriminação à eliminação.

A Brief History of Fascist Lies é altamente recomendável para os adeptos da exótica teoria de equivalência entre bolsonarismo e petismo, ponto de partida de galopes argumentativos cuja apoteose foi a formulação da "escolha difícil" no segundo turno das eleições de 2018. Autor de um outro estudo sobre o tema, *Do fascismo ao populismo na história* (Edições 70), Finchelstein lembra que tanto o populismo como o fascismo se fundamentam na trindade "líder, nação e povo", sendo a diferença nada desprezível entre os dois o peso e a importância das eleições nessa equação. O líder populista necessita das eleições para referendar seu protagonismo; o fascista utiliza-as para chegar ao poder e, imediatamente, apontar as suas deficiências, denunciar a sua falibilidade e minar a sua legitimidade. Uma vez empossado pelo trâmite democrático, o líder fascista não quer ouvir falar de voto e fará o que for preciso para que a próxima consulta às urnas aconteça sob algum tipo de coerção, ou, no melhor dos mundos para ele, não aconteça.

Prudente, o historiador sustenta que Bolsonaro "situa-se claramente na fronteira entre a ditadura fascista e a forma democrática de populismo", mas admite que, ao tentar apagar da história a ditadura ou defender que o nazismo foi um movimento de esquerda, o mentor *cloroquiner* "se parece muito pouco com populistas clássicos como Perón e muito mais com Hitler e Mussolini". A questão decisiva é que, uma vez instilada no sistema político, a mentira como fundamento de arbitrariedade ganha força e desnorteia o mais esclarecido dos cidadãos. Quando a fronteira entre invenção e evidência é reiteradamente negada, lembra Adorno, o engajamento em qualquer forma de conhecimento passa a ser "um trabalho de Sísifo".

Nesse sentido, a pandemia é a tempestade perfeita para o bolsonarismo — e não apenas porque, é óbvio, facilita a adoção de medidas de exceção a pretexto de combater a doença. Oprimida pelo medo, sentimento que João Guimarães Rosa tão bem definiu como "a extrema ignorância em momento muito agudo", a população em geral, sem exceção, vê depreciadas as suas defesas cognitivas. E, como notou Vladimir Safatle em artigo recente para o jornal *El País*, o presidente que come sonho na padaria e limpa o nariz em público pode até perder o apoio de camadas mais esclarecidas, mas mantém-se estável ao conquistar "identificação profunda e aguerrida" entre as classes mais populares, configurando assim um país "com 30% de camisas-negras dispostos a tudo".

Sim, esta coluna e o livro de Federico Finchelstein podem ser postos na conta do alarmismo pelos negacionistas da análise política, aqueles que há mais de dois anos minimizam o potencial destrutivo de um político violento, racista, movido por ódio e amparado pelo anti-intelectualismo. A eles, recomendo que relaxem na posição de avestruz que lhes cai tão bem: vai ver o bolsonarismo não passa de uma gripezinha.

29 de abril de 2020

A RAIVA CONTRA O ÓDIO

Se você não termina a leitura do noticiário com raiva é porque morreu e não sabe. Há a hipótese de, não sendo o Paulo Cintura, você ser o FHC e ainda estar pensando que talvez, quem sabe, tenhamos passado de algum limite. Resta ainda a opção de que você seja o tipo de comentarista político que desde 2018 não escreve uma linha sem um paninho na mão, faxineiro da barbárie.

Com essas possíveis exceções, a raiva é a regra de quem não foi lobotomizado no Brasil de 2020.

No entanto, o manual do imobilismo político manda que, qual freirinhas sorridentes, fazendo piquenique e tocando violão, afastemos de nossos corações e mentes sentimentos tidos como negativos ou pouco nobres. Mas veja os inquilinos do Planalto e seus currículos, uma súmula do pior da humanidade. Não, raiva não é nada de que se possa envergonhar diante de autoritarismo, truculência, ignorância, ressentimento, preconceito, racismo, misoginia, homofobia, fundamentalismo religioso, clientelismo e violência, muita violência.

No Brasil de hoje, raiva é legítima defesa.

Audre Lorde, poeta e feminista, lembrava que a luta política não só não deveria prescindir da raiva como se apropriar dela. "Minha raiva de mulher negra", escreveu ela em "Olho no olho", belíssimo ensaio de 1983, "é um lago de lava dentro de mim". As excruciantes humilhações impostas pelo racismo, a violência da discriminação aberta ou velada, a pequena ou a quase imperceptível agressão são os fermentos dessa raiva, um sentimento que pode tangenciar o ódio mas que dele se diferencia em essência. Lorde escreve, aliás, para separar uma coisa da outra.

A raiva, define ela, é uma "emoção de desprazer que pode ser excessiva ou inapropriada, mas não necessariamente prejudicial". O ódio, sempre destrutivo, Lorde descreve como um "hábito emocional ou disposição mental em que a aversão se une ao desejo doentio". Quem tem ódio quer aniquilar um inimigo que criou por pura abominação racial, divergência política ou oposição moral. Já a raiva nasce como reação, como defesa ao variado cardápio de opressão do mundo. A raiva é, admite a ativista, uma "forma incompleta de conhecimento humano" que, reprimida ou mal direcionada, pode simplesmente demolir. Devidamente cultivada, é um combustível essencial da sublevação.

Em parâmetros humanos, a raiva é uma reação rigorosamente saudável quando nosso Führer de chanchada reage com um "e daí?" às mortes que se acumulam na pandemia. Quando facínoras são homenageados como heróis. Quando um empresário inescrupuloso lamenta a "morte" de CNPJs. Quando a pastora fundamentalista, que chegou a ser defendida por jornalistas, garante que o desprezo pela população de rua a imuniza da covid-19. Quando a Noivinha do Brasil Fascista sente saudades de cantar "Pra frente, Brasil" enquanto seus amigos verde-oliva penduravam opositores num pau-de-arara. Quando o investidor *playboy* respira aliviado de o pior já ter passado "na classe média alta". Quando bestas, com traços residuais de humanidade, agridem profissionais de saúde. Quando famílias desesperadas arrombam caixões, temerosas de que os óbitos sejam fraudados como garantiam as *fake news* espalhadas por uma parlamentar. Quando um juiz obsequioso denuncia como inaceitável o que há muito ele aceita e apoia.

Enquanto as ruas nos são vedadas pelo bom senso e por um sentido de autopreservação, restam na imprensa e mesmo no lodo das redes sociais as formas de pressionar, com veemência, quem tem representatividade imediata e direta. Não sendo você Paulo Cintura, FHC ou lambe-botas, é preciso potencializar em palavras, em boicotes, mesmo em panelaços, a recusa reiterada, incansável e impiedosa do que aí está. Só a raiva dos ofendidos, dos vilipendiados e agredidos pode nos manter íntegros no ambiente de ódio imposto pela manada fascista.

Esta coluna é dedicada a Sérgio Sant'Anna, que sucumbiu ao Brasil bolsonarista em 10 de maio de 2020.

14 de maio de 2020

O FASCISTA DA ESQUINA

Enquanto esperamos que o governo preencha todos os requisitos exigidos por rigorosos intelectuais e comentaristas para que dele se possa declinar o verdadeiro nome, o fascismo vai bem, obrigado. Corrói a céu aberto a democracia e, insidiosamente, a humanidade dos que elegeram e ainda apoiam o Führer de chanchada. Nem falo dos melancólicos coadjuvantes do Domingão do Cavalão ou dos funcionários do curralzinho do Alvorada. Mais difícil é pensar em simpáticos cidadãos, aparentemente inofensivos, que invocando "falta de alternativa" fizeram o que fizeram nas urnas — e ainda hoje se sentem representados pelo que elegeram.

Pergunta parecida se fez o mundo diante das ruínas físicas e morais da Segunda Guerra Mundial. Como Hitler e Mussolini foram possíveis? Como um dia se achou razoável apoiá-los e elegê-los? Que difícil escolha teriam enfrentado seus eleitores? Se os momentos históricos não se espelham, há mais semelhanças do que se poderia desejar entre cidadãos que, num tempo e noutro, abraçam valores e práticas fascistas. Não importa se são trinta ou trezentos, ridículos ou ameaçadores, se usam capuz branco ou camisa verde-e-amarela, se bebem leite ou cloroquina: uma única voz que prega o ódio é ou deveria ser motivo de inquietação — e alvo de medidas legais.

Por caminhos tão diferentes quanto suas personalidades e projetos intelectuais, Jean-Paul Sartre e Theodor

W. Adorno tentaram entender, em cima do lance, a lógica de homens e mulheres que rascunharam no cotidiano os grandes murais da abjeção. Em *Reflexões sobre a questão judaica*, o autor de *A náusea* buscou tipificar, em 1946, o protótipo do antissemita. Quatro anos mais tarde, Adorno assinaria com pesquisadores da Universidade de Berkeley os *Estudos sobre a personalidade autoritária* (Editora Unesp), que pretendem explicar a propensão a aceitar, normalizar e defender ideias e práticas antidemocráticas.

Os livros são de diversas formas incomparáveis. Objetivo e inflamado como os bons panfletos, o de Sartre tem origem no "Retrato do antissemita" que publicou em dezembro de 1945 na *Les Temps Modernes*, revista que acabara de fundar e seria a sua principal tribuna. Três outros textos foram acrescentados para formar um livrinho inquietante, ainda que desprovido de rigor histórico ou teórico. "Eu escrevi o que pensava. A partir de nada, a partir do antissemitismo que eu queria combater", disse ele em sua última entrevista.

Já as pesquisas de Adorno, Else Frenkel-Brunswik, Daniel J. Levinson e R. Nevitt Sanford levaram cinco anos e envolveram mais de 2 mil entrevistados na reunião de evidências para descrever quem sucumbe ao autoritarismo. A dedicação aos rigores do método não impediu que, na primeira edição de *Estudos sobre a personalidade autoritária*, de 1950, os autores reconhecessem o mérito do filósofo francês. "Só tivemos acesso ao brilhante ensaio de Sartre depois que tínhamos concluído nossa pesquisa e nossa análise", escrevem numa honrosa nota de rodapé. "É para nós notável que seu retrato fenomenológico se pareça, tanto na estrutura geral quanto em inúmeros detalhes, com a síndrome que lentamente emergiu de nossas observações empíricas e análises qualitativas."

Críticos do porte de Hannah Arendt fizeram sérias restrições a Sartre, apontando a falta de uma discussão profunda da cultura e identidade judaicas. Nesse que é o ponto fraco do livro residiria, no entanto, sua força paradoxal. O nível de generalidade na descrição do antissemita com quem Sartre esbarrava em Paris terminou por aproximá-lo dos cidadãos americanos a que Adorno aplicou a famosa Escala F — um questionário que visa a mensuração possível do tamanho e alcance do fascistinha que habita o coração da gente de bem. Ambos são antepassados dos que, quase oitenta anos depois, saem dos bueiros a nossa volta.

"Impermeável ao raciocínio e à experiência", o antissemita de Sartre — e o nosso intolerante — não tem interesse na verdade. O diálogo é inútil: no lugar do raciocínio, ele projeta "suas certezas intuitivas no plano do discurso". Certezas essas que nascem em valores como a pátria forte (e repressora), a família heteronormativa ou a prevalência de brancos sobre todos os não brancos. Assentados na "permanência da pedra", têm consciência da fragilidade de seus pontos de vista e não se esforçam para prová-los — os outros que lutem, pois para eles não se trata "de persuadir por bons argumentos, mas de intimidar e desorientar". A estratégia daquele que opta por "ser terrível" nos é familiar: "ele vê nos olhos dos outros uma imagem que é inquietante, que é a sua, e passa a moldar seus gestos e suas palavras a essa imagem".

O ódio ao judeu é também o ódio à tradição intelectual que ele representa. Anti-intelectualista, o antissemita, assim como os minions, orgulha-se de sua ignorância. Não pretendem subjugar por qualidades próprias o inimigo que inventaram — seja ele judeu, negro ou "a esquerda". Odiar é verbo que se conjuga em comunidade, na "sociedade instantânea" que, lembra Sartre, se forma em torno de linchamentos ou escândalos. "Incapaz de entender a organização social moderna", escreve o filósofo, "ele tem a nostalgia dos períodos de crise em que a comunidade primitiva reaparece subitamente e chega à sua temperatura de fusão".

O antissemitismo se manifesta como um "esnobismo do pobre". A pobreza de espírito é análoga à precariedade material, já que a intolerância prolifera com mais facilidade numa classe média decaída, que consome bens e ostenta símbolos associados aos mais ricos para reforçar a distinção dos mais pobres. Esses despossuídos têm como único patrimônio o ressentimento, muitas vezes expresso em vitimização — quando, por exemplo, o antissemita denuncia o judeu por roubar seu trabalho, ou o cidadão de bem se diz usurpado por políticas de cotas. Perversamente, essa lógica é tranquilizadora: haveria sempre algo a cobiçar nos valores e bens dos que se querem bons.

Em *Estudos sobre a personalidade autoritária*, que também parte do antissemitismo, esse personagem complexo ganha filigranas e, nas palavras de Max Horkheimer, o status de "uma nova espécie antropológica". Distinto do fanático clássico, observa o amigo e parceiro de Adorno na introdução ao livro, o novo animal na floresta é puro paradoxo: "Ele é ao mesmo tempo esclarecido e supersticioso, orgulhoso de ser um individualista e com medo constante de não ser como todos os outros, zeloso de sua independência e inclinado a se submeter cegamente ao poder e à autoridade".

A chamada "personalidade autoritária" resulta, portanto, de combinações sempre originais entre componentes ideológicos e a experiência de cada um, entre fatores sociológicos e psicológicos. No registro caricato, pode-se imaginar um torturador vegano que luta em defesa dos animais. Mais próximos de nós estariam o pai de família amoroso, dedicado e armado até os dentes e a senhora piedosa, magnânima, que até tem empregados negros.

Nas enquetes, os entrevistados são pontuados na intensidade com que concordam ou discordam de afirmativas genéricas. Expressões como "racista", "fascista" ou "antissemita" foram evitadas para não inibir respostas — afinal, como bem sabemos, fascista odeia ser chamado de fascista. "Obediência e respeito pela autoridade são as virtudes mais importantes que as crianças deveriam aprender" é uma das proposições. Dentre outras estão "nenhum insulto à nossa honra deverá jamais ficar sem punição" ou "toda pessoa deve ter uma fé profunda em alguma força sobrenatural acima de si, à qual ela é fiel e cujas decisões não questiona".

As questões foram enfeixadas nas nove categorias da Escala F — que são subsídios interessantes para estabelecer uma "Escala B". "Convencionalismo", a mais fundamental, aponta para os vínculos entre preconceito e adesão acrítica a valores e padrões da classe média. Os nela enquadrados relacionam-se diretamente com duas outras, "submissão autoritária" e "agressão autoritária" — a primeira corresponde à "necessidade emocional exagerada e generalizada" de obediência a qualquer autoridade, do pai ou ditador; a segunda, à "tendência a vigiar e condenar, rejeitar e punir pessoas que violam os valores convencionais".

"Anti-intracepção" é o termo que descreve a reprovação da vida reflexiva e especulativa, marca dos inimigos da psicanálise ou dos que, por exemplo, defendem o primado da técnica sobre as humanidades. Os que têm alta pontuação em "superstição e estereotipia" tendem a atribuir seus reveses e seu destino a forças superiores. "Poder e dureza" descreve os que vivem e veem o mundo a partir de relações de força e dominação, numa interseção com a rubrica "destrutividade e cinismo", útil para entender a agressividade como padrão de ação e a hostilidade ao que é humano — dentre estes estavam os que na época consideravam "exagero" as atrocidades nazistas. O item "projetividade" é genérico e descreve tanto a crença em teorias da conspiração quanto a certeza do ataque iminente de "inimigos" imaginados. Por último, mas não menos importante, "sexo" indica a obsessão que permeia todos os estratos.

É fascinante acompanhar as infinitas combinações de todos esses itens e o reconhecimento, em cada uma delas, dos tipos que a partir de 2013 ganharam contorno cada vez mais nítido no Brasil. As redes sociais ressaltam, em sua ambivalência, um dos eixos fundamentais da personalidade autoritária, a tentativa de racionalizar seus preconceitos para si e para os outros a partir de interpretações e raciocínios tão lógicos quanto improváveis. Nada que não se confirme pela difusão das *fake news*, que conferem status supostamente "objetivo" às projeções dos valores e comportamentos antidemocráticos.

Limitados por uma baixa capacidade de abstração, os cidadãos predispostos ao autoritarismo trocam de bom grado princípios como "liberdade" e "cidadania", para eles vagos, por recompensas imediatas. É disso que se beneficiam as lideranças autoritárias, bem como dos variados eufemismos que se usam para descrever práticas e valores de extração fascista — meu favorito é o afetado "iliberal" para definir um governo que atenta dia e noite contra os princípios democráticos.

Está na educação, é claro, o antídoto forte para coibir o caráter autoritário — no combate incansável aos estereótipos, à violência real e simbólica, ao conformismo e à obediência pura e simples. Num nível mais imediato, argumentam Adorno e seus colegas, são inúteis os apelos à racionalidade e à empatia para enfrentar quem cultiva o irracional e não se dispõe a experiências sem os antolhos do preconceito.

O que se há de fazer — e deveríamos ouvir um livro publicado há setenta anos — é "apelar para que sejam efetivas sua convencionalidade e sua subserviência à autoridade", ou seja, constrangê-los com a lei. E, também, utilizar todos os meios institucionais para fortalecer as minorias que deles costumam ser alvos. Não se discute com fascista — age-se contra ele, de preferência aplicando os princípios de ordem legal que ele tanto diz apreciar. "Não podemos supor que o tolerante só seja recompensado no céu", diz Adorno. Justiça é o que se faz aqui. E agora.

17 de junho de 2020

AS PALAVRAS E O COISO

Das inumeráveis crises produzidas pelo bestiário no poder, a crise da linguagem é das mais insidiosas. Não são poucos os escribas, profissionais e amadores, que em algum momento se queixam, em jornais ou redes sociais, de que lhes escapam as palavras exatas para expressar o inexato que suscita a Era Cavalão.

O desastre começa pela dificuldade de nomear o próprio. Coiso, Bozo, Bolsozilla, Biroliro, Bostonazi, Bolsorabo, Bozonaro, Bostonaro, Bolsonero, Coronaro, Pandemito: essas e outras variantes são resultado de um vale-tudo para não chamar a criatura pelo nome, como se invocá-la fizesse materializar o Mal. O próprio, aliás, parece ter sérias dificuldades onomásticas: prefere números para referir-se àqueles a quem transmitiu o legado de sua miséria.

Quando se perde a linguagem, perde-se o sentido de intervenção no mundo — e, com ele, a política de verdade, a que provoca mais desentendimento do que consenso, a que altera os ânimos antes de aplacá-los. Sem impertinência não se enfrenta impostura.

Há quem evite chamar o Coiso pelo nome para supostamente silenciá-lo — defesa um tanto infantil, mas defensável. O pior são os acometidos por uma versão Curupira da síndrome de Estocolmo, que vira e mexe, quando a situação se agrava, saem em campo contra o uso das "palavras fortes".

Nas vésperas do segundo turno das eleições, era virtualmente proibido referir-se ao *#Elenão* como fascista — e até como "extrema direita". Por algum fenômeno que ainda há de se explicar, considerava-se aceitável e até rotineira a plataforma de violência e ódio hoje executada pelo Capitão Corona & seus Acepipes.

(Mais sensibilidade teve a Polícia Federal, que perto da votação confiscou faixas dos Antifa estendidas numa universidade por alegado crime eleitoral — até para o Estado brasileiro estava claro que ser antifascista era votar no oponente do candidato F.)

De lá para cá, ouviu-se de tudo. Numa passada de pano, a primeira vítima é a etimologia. E tome de se investigar a origem do termo "fascismo", de citar códex obscuros para mostrar como seria impróprio referir-se assim aos amarra-cachorros que se preparavam para nos demolir.

Foi preciso uma pandemia — e uma forcinha da imprensa de todo o mundo — para que se adjetivasse o Mito da forma correta. E aí, qual bolcheviques de cartum, os conservadores de ontem passaram a berrar: fascista! Alguns, os mais espertos, transformaram a palavrinha antes maldita num bom negócio: usá-la dá *like* e audiência, vende livro e aparenta rigor.

Numa economia intelectual debilitada, devemos, no entanto, proteger os mais frágeis: os camelôs da moderação precisam sustentar suas famílias. É compreensível que, como aqueles que aparecem não se sabe de onde vendendo guarda-chuva nas primeiras gotas de um temporal, os mascates da moderação estejam de prontidão quando se começa a falar grosso em "genocídio".

Já que limpar a barra do fascismo fez encalhar um estoque de eufemismo, os ambulantes da covardia estão se abastecendo como podem para minimizar as práticas genocidas.

Enquanto morre-se aos magotes nas florestas e nas periferias, ele oferecem, a preço baixo, cloroquinas conceituais.

Quando forem autorizados a falar em genocídio, depois de sancionados pela imprensa estrangeira e por pilhas de cadáveres, escreverão telas e mais telas explicando a lógica do extermínio. Ninguém mais satisfeito com isso do que Aquele Que Não Se Diz o Nome.

A turma que é patologicamente a favor pode aproveitar para saudar o chefe do Planalto por um de seus poucos êxitos: ao destruir o sentido de palavras e nomes, destruiu coisas, pessoas e partes importantes do Bananão. Nos levando inclusive a buscar alternativas (obrigado, Ivan Lessa) para nomear esse torrão onde nos tocou viver e, cada vez mais rápido, morrer.

23 de julho de 2020

O PEQUENINO FASCISMO TUPINAMBÁ

No final da manhã de 3 março de 1936, uma terça-feira, o diretor de Instrução Pública de Alagoas desabalou de casa para a repartição de malas prontas — "meti alguma roupa branca na valise, mandei comprar muito cigarro e fósforos". Apesar dos diversos avisos para que fugisse, esperou do meio-dia às sete da noite pelo homem que viria prendê-lo. O estoicismo mineral tinha menos a ver com um improvável arroubo heroico do que com seu modelo de integridade, inegociável. Detido sem acusação, Graciliano Ramos de Oliveira iniciava naquele dia uma temporada de quase um ano na cadeia que, narrada em *Memórias do cárcere* (Record), é um dos relatos mais eloquentes de nossa miséria democrática.

Lançado em setembro de 1953, seis meses depois da morte de Graciliano — "estou a descer para a cova", escreveu, "e provavelmente isto será publicação póstuma, como convém a um livro de memórias" —, a combinação impressionante de testemunho e reflexão segue a cartilha de um tipo bem comum de clássico brasileiro: aquele que expõe o abismo entre a excepcionalidade do escritor e a precariedade do país. E Graciliano só melhora à medida que, em célere marcha a ré, o Brasil piora. Dissecação do "nosso pequenino fascismo tupinambá", safra Vargas, o mundo que resultou nas *Memórias do cárcere* é contemporâneo das mais recentes florações de autoritarismo, manipulação judiciária e da sempre pujante covardia de Estado.

Voltei a ele em momento adequado, na ressaca do golpe de 2016, por causa de *Armas de papel* (Editora 34). O ensaio de Fabio Cesar Alves, professor da USP, tem subtítulo longo e autoexplicativo: "Graciliano Ramos, as *Memórias do cárcere* e o Partido Comunista Brasileiro". Amparado por extensa pesquisa documental, Alves dedica-se a um aspecto óbvio que parecia eclipsado na fortuna crítica do livro, em geral tributária das questões formais que suscita: a ele interessam os impasses do intelectual de esquerda entre o autoritarismo pátrio e um Partidão ainda exalando stalinismo. Impasses que, como destaca, encarnam "aspectos de uma formação social fraturada que continua a se atualizar na lógica dos dias".

Em novembro de 1935, quando Getúlio Vargas tomou o pretexto do levante comunista para realizar plenamente sua vocação de ditador, a luta de Graciliano era para botar o ponto-final em *Angústia* e fechar o orçamento das escolas de Alagoas — a "Instrução Pública" que chefiava era o equivalente às atuais Secretarias de Educação. No início daquele ano, fora promulgada a Lei de Segurança Nacional, excrescência que já teve várias vidas e, em sua encarnação mais recente, tem sido usada contra cartunista, jornalista e ministro do Supremo que soam mal aos sensíveis ouvidos bolsonaristas. Em *O velho Graça: uma biografia de Graciliano Ramos*, Dênis de Moraes dá conta de que 6.998 processos foram então abertos nos termos da LSN, resultando no indiciamento de 10 mil pessoas e na condenação de 4.099. O escritor, que só se filiaria ao PCB em 1945, jamais figurou em qualquer ação formal.

"Evitava considerar-me vítima de uma injustiça: deviam ter razão para repelir-me. Seria bom que ela se publicasse no jornal, isto desviaria comentários maliciosos", observa Graciliano em "Viagens", primeira parte das *Memórias*, que só começaria a escrever em 1946. Naquele ano, Primo Levi também botava no papel *É isto um homem?*, o relato estarrecedor sobre sua passagem por Auschwitz. Ambos fizeram os primeiros esboços encarcerados e ambos se desfizeram dos manuscritos que, se encontrados por seus carrascos, poderiam ter mudado seu destino. Por não se servirem de notas, tanto um quanto outro partiram da memória para chegar a textos aparentemente simples, mediados pelo recuo do tempo e, sobretudo, pela fina reflexão sobre o vivido. "Liberdade completa ninguém desfruta", escreve Graciliano, "começamos oprimidos pela sintaxe e acabamos às voltas com a Delegacia de Ordem Política e Social, mas, nos estreitos limites a que nos coagem a gramática e a lei, ainda nos podemos mexer."

O aparelho repressivo funcionava então de forma sutil. Se ainda não havia a censura prévia, o estímulo a delações e o anticomunismo pesavam na mão de escritores e jornalistas — o "pequenino fascismo tupinambá" "não nos impediu de escrever. Apenas nos suprimiu o desejo de entregar-nos a esse exercício". Premidos pela ameaça constante e velada de crime de opinião e pelo medo de perder o sustento para suas famílias, intelectuais abrem mão de tarefas de longo prazo, de projetos de livro e policiam-se no que dizem ou fazem: "Caímos na labuta diária, contando linhas, fabricamos artigos, sapecamos traduções, consertamos engulhando produtos alheios. De alguma forma nos acanalhamos".

Ainda que cético quanto à sua atuação na política educacional — "o regulamento, o horário, o despacho, o decreto, a portaria, a iniquidade, o pistolão, sobretudo a certeza de sermos uns desgraçados trambolhos, de quase nada podermos fazer na sensaboria da rotina" —, Graciliano redistribuíra verbas e vagas de professores, criara novos turnos nas escolas. Proibiu, sob pretexto de frear o "emburramento" de alunos, que se cantassem hinos. "O emburramento era necessário", argumenta. "Sem ele, como se poderiam aguentar políticos safados e generais analfabetos?" Providenciou roupas e calçados para os maltrapilhos poderem frequentar as aulas com dignidade. Recusara a um tenente o favor de reverter a reprovação de sua sobrinha, "um gênio". E, horas antes de ser levado por esse mesmo militar, soubera pela diretora de uma escola que quatro de seus alunos mais pobres, negros, haviam obtido as melhores notas dos exames mais recentes. "Que nos dirão os racistas, d. Irene?", perguntava ele.

Não se podendo qualificar como criminosos os atos do diretor de Instrução, o que pesava contra Graciliano seriam, ele logo concluiu, suas convicções. "Demais estaria eu certo de não haver cometido falta grave? Efetivamente não tinha lembrança, mas ambicionara com fúria ver a desgraça do capitalismo, pregara-lhe alfinetes, únicas armas disponíveis, via com satisfação os muros pichados", diz ele, para concluir, não sem humor: "Se quisessem transformar em obras os meus pensamentos, descobririam com facilidade matéria para condenação". Na refrega ideológica, faria corar os camelôs da moderação, que hoje ganham a vida apregoando os males da "polarização": "Não me repugnava a ideia de fuzilar um proprietário por ser proprietário. Era razoável que a propriedade me castigasse as intenções".

O ambiente, é fácil imaginar, não era dos mais favoráveis para tamanho desassombro. Com metodologia nada estranha à que se forjaria décadas mais tarde em cidade mais ao sul do Brasil, a Justiça cruzava "bilhetes apócrifos, recados a lápis, documentos verdadeiros ou falhos em mistura, referências a fatos incompletos refutados aqui, aceitos ali, em trapalhada infernal". Enredado o cidadão, produzia-se a declaração tão esperada: "A palavra solta entre o suplício material e o suplício moral tem semelhança de voluntária, e se prejudicou alguém, podemos julgá-la delação. Emergiu de nervos exaustos e carne moída; ao sair do pesadelo, o miserável feixe de ruínas conjuga uns restos de consciência e horroriza-se de si mesmo. Teria dito realmente aquilo? Jura que não. Mas a frase foi composta, redigida com bastante veneno, alguns acusados a ouviram, patenteiam-se logo os penosos efeitos dela".

Mesmo quando o marxismo não era "cultural" e esse adjetivo ainda não se aporia a uma "guerra", a vida literária estava longe da salubridade. "Uma beatice exagerada queimava incenso defumando letras e artes corrompidas", descreve, "e a crítica policial farejava quadros e poemas, entrava nas escolas, denunciava extremismos." Descobrimos então que Maceió, *circa* 1935, é o paraíso perdido com que sonham militantes da tal escola sem partido, movimentos anticotas e sociólogos ponderados: "Um professor era chamado à delegacia: — 'Esse negócio de africanismo é conversa. O senhor quer inimizar os pretos com a autoridade constituída'".

O espírito anticomunista era infenso às dissonâncias — e não apenas pela repressão cada vez mais truculenta, mas por voluntarismo de quem deveria destoar por obrigação profissional. Sobre a Coluna Prestes — que, diga-se, julga com ambivalência —, Graciliano diz preferir a conversa com um tio às páginas de jornal. "O depoimento desse sertanejo bronco valia mais, para mim, que as tiradas ordeiras da imprensa livre, naturalmente interessada em conservar privilégios, fontes de chantagem, e pouco disposta a esclarecimentos perigosos", observa, destacando ainda que a omissão alimentava ainda mais o que se supunha combater — "aceitávamos, pois, as notícias orais, e estas começavam a envolver o guerrilheiro teimoso em prestígio e lenda". A algaravia tinha consequências imediatas: "escritores e jornalistas a desdizer-se, a gaguejar, todas as poltronices a inclinar-se para a direita, quase nada poderíamos fazer perdidos na multidão de carneiros".

Esse Brasil tão familiar é descrito com detalhe sobretudo na primeira das quatro seções do livro. É quando Graciliano reconstitui um momento de dúvida, recolhendo aqui e ali as pistas de que a ditadura está prestes a apertar o laço — pequenos arbítrios, disseminados pela vida, vão formando, sob os olhos de quem quer ver, o retrato maior, mais complexo e medonho. É fundamental que as instituições funcionem normalmente para que se possa cevar como se deve os brutamontes, os cínicos e os equilibrados que irão sustentar o tirano. Afinal, é em meio à "multidão de carneiros" que se nutre o gado.

Ler ou reler *Memórias do cárcere* hoje é uma experiência perturbadora pela acuidade com que flagra aquilo que permanece sob tanta mudança: patrimonialismo, desigualdade, racismo, truculência, intolerância e violência de Estado. Não, a história não se repete. É bem pior: ela é um contínuo ao qual Graciliano Ramos faz a pergunta decisiva, que traz consigo a resposta: "Se os defensores da ordem a violavam, que devemos esperar? Confusão e ruína".

24 de setembro de 2020

UM PAÍS CONTRA OS LIVROS

Ignorância e má-fé fundamentam mais de oitenta ações judiciais movidas contra o escritor carioca João Paulo Cuenca por pastores de Igreja Universal do Reino de Deus. Seu suposto crime é atualizar o famoso dito de Jean Meslier, sacerdote cristão morto em 1729. "O homem só será livre quando o último rei for enforcado nas tripas do último padre", escreveu o religioso, cuja posteridade se deve sobretudo a Voltaire, difusor de suas ideias. Nos 114 caracteres de um tuíte-paráfrase, Cuenca substituiu o monarca pela primeira-família e o cura pelos funcionários do "bispo". Nem no século XVIII nem no XXI a frase ameaça a liberdade religiosa ou a integridade física de quem quer que seja. Adverte, a partir de uma forte imagem literária, sobre as interações perversas entre poder e religião. Coordenados, os processos contra João Paulo Cuenca têm como objetivo censurá-lo e intimidar todos os que pensam como ele. E só fazem confirmar que o escritor está certo: no Brasil de hoje, Estado laico é uma abstração, e a liberdade, um resíduo.

NUM VÍDEO QUE CIRCULA nas redes sociais, um casal de boçais e a boçal que os filma queimam um exemplar de *Verônica decide morrer*, de Paulo Coelho. O escritor, que já vendeu mais de 300 milhões de exemplares pelo mundo, é tratado como petista, comunista, "mago de merda", "*fia* da puta" e outros

[83]

mimos. "Ele pediu pra não comprar os produtos do Brasil né, lá fora, falando mal do Brasil, agora eu tô aqui queimando os produtos dele, que também não prestam", diz a adorável senhorinha fascista. "Lesa-pátria", grita o senhorzinho de bigode suspeito. Por conjugar ódio, anti-intelectualismo e desinformação, a cena é a melhor propaganda institucional do oximoro chamado "política cultural bolsonarista". Em sua pantomima, os Savonarolas de churrasqueira representam todo o espectro do atraso, do gado verde-e-amarelo a empresários arcaicos, passando por artistas medíocres em busca de sinecuras e economistas terrivelmente liberais.

Nas primeiras semanas pós-pandemia, Paulo Guedes aparecia nas telas à frente de uma portentosa estante vazia. Em pouco tempo, conheceríamos o perfil de leituras do ministro da Economia. "O caso da fusão das duas Alemanhas eu conheço profundamente, no detalhe, não é de ouvir falar. É de ler oito livros sobre cada reconstrução", contou ele a seus pares na célebre reunião ministerial de 22 de abril. "Então, eu li Keynes três vezes no original antes de chegar a Chicago." A frugalidade literária de Guedes talvez explique seu empenho em eliminar a isenção de impostos para livros. Para ele, livro não só é um produto como outro qualquer, como é consumido apenas pela elite. "Eu também, quando compro meu livro, preciso pagar meu imposto", disse Guedes em audiência pública no Congresso. É, portanto, um alívio para os cofres públicos que a reforma tributária não dependa de consumidores como ele.

Em 1764, Denis Diderot fez circular a *Carta sobre o comércio do livro*. Filósofo e editor, ele se dirige a magistrados para explicar porque vender o que nosso líder definiu como "amontoado de muita coisa escrita" é diferente de vender armas, cloroquina ou indulgências. "Um erro que vejo ser cometido sem cessar por quem se deixa enganar por máximas genéricas é o de aplicar os princípios das manufaturas de tecidos à edição de livro", escreve Diderot sobre uma contabilidade que não obedece apenas às variações entre dever e haver. Três séculos mais tarde, a França de Mitterrand faria eco às preocupações iluministas em diversas medidas de proteção ao mercado editorial. A convicção é simples: entregar a produção de livros à dinâmica da oferta e da procura é condenar à morte as editoras menores e o pensamento minoritário em face das grandes tiragens e da reprodução do óbvio. Numa democracia que merece esse nome, fortalecer a emancipação intelectual dos leitores é fortalecer o país.

Preocupado em implantar sua política econômica demofóbica, Guedes não parece cultivar Diderot, presença também improvável na churrasqueira do simpático casal — que em sua militância se aproxima do ministro na ideia de que livro é um "produto" como outro qualquer. É ainda improvável que títulos como *Jacques, o fatalista* frequentem a bibliografia de numerosos rebanhos de fiéis sujeitados a um único livro, ou melhor, à leitura manipuladora de um livro milenar de libertação espiritual. Entre os inquilinos de Brasília, lê-se demais as memórias de um facínora e, de menos, a Constituição.

A criminalização da opinião, o anti-intelectualismo generalizado e o cerceamento econômico da liberdade editorial são pilares do obscurantismo. Que me desculpem os moderados de almanaque, mas quem não está contra o autoritarismo de forma clara e inequívoca, sem adversativas, é de alguma forma cúmplice da barbárie.

13 de outubro de 2020

A INOCÊNCIA IMPOSSÍVEL DOS FASCISTAS

Poucos meses depois do fim da Segunda Guerra Mundial, em dezembro de 1945, Jean-Paul Sartre publicou na *Les Temps Modernes* o "Retrato do antissemita". O ensaio é estranho ao espírito tíbio de nosso tempo: texto de combate, não perde tempo discutindo a discussão e defende com clareza e objetividade uma posição de enfrentamento. Sem meias-palavras, adverte para o tipo de gente que, à vontade durante a ocupação nazista na França, encontrou respaldo público para levar às últimas consequências o inimigo que inventou para si.

Sartre lembra como era então aceitável, no senso comum, que alguém manifestasse "opiniões antissemitas". "A palavra opinião faz pensar", escreve ele. "Ela sugere que todos os pontos de vista são equivalentes, ela assegura e confere às ideias uma fisionomia inofensiva, assemelhando-as ao gosto." Gosto não se discute, observa, opinião se debate e discurso de ódio se combate: "Me recuso a chamar de opinião uma doutrina que visa expressamente pessoas particulares e que tende a suprimir seus direitos ou exterminá-las". O antissemitismo, propõe ele, não é questão de opinião, pois é uma paixão.

A atualidade de um texto 75 anos depois de publicado diz menos do visionarismo de seu autor que do retrocesso político generalizado. E eis que, no calor da derrota de Donald Trump, multiplicam-se os discursos de desresponsabilização dos que o levaram ao poder. O *wishful thinking* dos covardes sugere que, dos mais de 70 milhões de cidadãs e cidadãos que gostariam de manter Trump na Casa Branca, nem todos comungam de fato com suas propostas.

Em mais uma prova de nossa vocação para epígono, tem-se ouvido por aqui ecos da complacência da França antissemita e da contemporização fascistoide do eleitor americano. Enquanto sonham com um Biden para chamar de seu, comentaristas e políticos relativizam o quanto podem a expressão reiterada, acachapante, dos discursos de ódio. Por um curioso raciocínio, no Brasil de 2020 quem vota em fascista não é fascista.

A cada dia, o que parecia ser uma complexa questão política mostra seu lado pragmático: difícil não cogitar que se trata de uma questão de clientela. Analistas políticos não chamam de fascistas os eleitores de fascistas para não perderem seus *likes* — preferem viver boiando no Centro imaginário do espectro político, esperando a melhor onda para pegar carona. Políticos, por sua vez, não chamam de fascistas os eleitores de fascistas para, quem sabe, tentar amealhar seus votos. A maioria virtuosa concorda, grave, que o governo de extrema direita é uma calamidade, ainda que, numa conta que não fecha, seus eleitores pouco tenham com isso.

Convivo proximamente com bolsonaristas que vivem sob a paixão do fascismo. Pacíficos no trato, acham que só a violência, cada vez mais extremada, poder deter a violência; ofendem-se quando chamados de racistas, mas acham natural que negros morram mais, morem pior e estudem menos do que brancos; nada têm contra os homossexuais, desde que saibam "se comportar" em público. Já discuti, mas não briguei com nenhum deles, não tento convencê-los do contrário. Mas não perco a chance de lembrar que eles são, sim, cúmplices de atrocidades das quais às vezes até reclamam — não querem morrer de covid, mas têm certeza de que somos vítimas da conspiração chinesa.

Por vias perfeitamente legais, pelo voto, os bolsonaristas não manifestaram em 2018 uma "opinião" fascista, mas botaram em marcha sua paixão, discurso inseparável da ação. Quando um invertebrado relativiza estupro a pretexto de debatê-lo, ele não expõe um "ponto de vista" sobre a violência sexual, ele é cúmplice, legitimador e corresponsável pela violação. Quando hordas de desqualificados ocupam a rua em protesto contra o que chamam de "vaChina", não estão exercendo seu direito de expressão — além de se exporem a um merecido ridículo, atentam seriamente contra a saúde pública. Quando um líder genocida culpa a baixa resistência dos mortos pela extensão de uma pandemia, não restam muitos eufemismos para qualificá-lo.

Os contemporizadores patológicos, com fins lucrativos, continuam atenuando o comportamento patológico da extrema direita brasileira e disfarçando a escalada fascista como uma questão de opinião. Curiosamente, quando escrevem sobre Trump, não medem palavras. A teoria política de Wikipedia até pode explicar isso, mas eu prefiro o doutor Aldir Blanc, que imortalizou num verso a bravura pátria: "Quando o pastor late forte/ O bassê faz piu-piu".

12 de novembro 2020

AO GENOCIDA, A INSÔNIA

A pobre Hannah Arendt não tem nada a ver, é claro, com a banalização da "banalidade do mal" aqui no Bananão. De 2018 para cá pode-se até culpar a falta de imaginação crítica de articulistas — "ovo da serpente" e a "banalidade do mal" são os clichês mais gastos para descrever o indescritível que nos governa. Admitamos, no entanto, que não é nada descabido repetir a expressão, cunhada pela filósofa alemã no julgamento de Adolf Eichmann, o exemplar funcionário de Adolf Hitler, para referir-se à abjeção política e moral que se irradia de Brasília. Em última instância, a culpa mesmo, pra valer, é da humanidade, esse projeto falido.

Um veterano e discreto intelectual, a quem muito admiro, manifestou em mensagem particular de fim de ano sua convicção, que compartilho, de que não se aprende nada, neca de pitibiriba, néris, com o que vimos passando desde 2020. "A imensa maioria dos seres humanos", me escreve ele, "é composta mesmo de girassóis de cabeça para baixo." O tropismo da humanidade, parece inegável, é antes em direção à treva do que à luz.

Talvez por isso, mesmo depois de Eichmann e em certos casos até sob sua inspiração, uma horda de "funcionários do mês" continue administrando os matadouros do negacionismo diante de mais de 200 mil mortos na pandemia da covid-19. Eles estão em todos os lugares, operam em todos os níveis: sustentam a legitimidade da participação "técnica" na barbárie de Estado, teorizam que a privatização da vacina é prática democrática e, de uma hora para outra, defendem o inalienável direito dos desvalidos, com quem nunca se importaram, de morrer dançando, aglomerados em festas mórbidas. Não fosse a covardia o que os une, poderiam sair tuitando por aí #somostodoseichmann.

CADA VEZ QUE SOMOS AGREDIDOS, pessoalmente e como parte da humanidade, por palavras e atitudes do Corrupto do Ano, assim eleito pelo consórcio de mídia Organized Crime and Corruption Reporting Project, penso que tão difícil quanto viver sob seu governo é escapar à sua lógica. É essencial não se deixar capturar pela retórica da violência e resistir à tentação de defender que essa gente, em geral muito religiosa, deveria ser julgada pela lei de talião.

É aí que entra de novo Hannah Arendt, não na complexidade de sua reflexão, mas num comentário episódico e exemplar, quando em entrevista à televisão alemã, em 1964, minimiza as duras críticas ao tom nada solene com que trata o criminoso nazista em *Eichmann em Jerusalém*. "Eu realmente acho que Eichmann era um bufão. Estou lhe dizendo: eu li e reli cuidadosamente a transcrição de seu depoimento, 3.600 páginas, e perdi a conta de quantas vezes ri — gargalhei! Essa reação foi mal interpretada. Não posso fazer nada." Contra o inominável, a derrisão.

EM MAIO DE 1960, EICHMANN foi capturado pelo Mossad em Buenos Aires e levado a Israel para julgamento. Tinha

54 anos e, sob o nome de Ricardo Klement, vivia pacificamente, empregado numa fábrica da Mercedes. Era um cidadão de bem. Em julho daquele ano, Primo Levi escreveu "Para Adolf Eichmann", aqui integrado à coletânea *Mil sóis* (Todavia), em tradução de Mauricio Santana Dias. No poema, Levi se pergunta o que terá a dizer, na prisão, o "precioso inimigo", a "criatura deserta", o "homem cercado de morte", que tem como patrimônio "sua terrível arte incompleta" — ironia mordaz que honra os "treze milhões que ainda vivem" a despeito da propalada "solução final".

Prisioneiro de Auschwitz por onze meses, o autor de *É isto um homem?* dispensa ao genocida o melhor tratamento que a ele se pode destinar. É um exemplo para nós. Por isso reafirmo aqui os votos de Primo Levi, originalmente dedicados a Eichmann, tendo em mente aquele que pensa poder nos destruir:

> *Ó filho da morte, não lhe desejamos a morte.*
> *Que você viva tanto quanto ninguém nunca viveu;*
> *Que viva insone cinco milhões de noites,*
> *E que toda noite lhe visite a dor de cada um que viu*
> *Encerrar-se a porta que barrou o caminho de volta,*
> *O breu crescer em torno de si, o ar carregar-se de morte.*

14 de janeiro de 2021

NO PAÍS DA BRUTALIDADE

O país substantivo, aquele que se impõe e não se pode contornar, bagunçou os adjetivos que poderiam ajudar a descrevê-lo. Nas ruínas da sintaxe do que somos e de como vivemos hoje, os que não se rifaram à extrema direita oscilam entre inferno vivido e paraíso perdido. O tal paraíso aparece aqui e ali em lampejos que um poeta cafona chamaria de "epifania" e um realista amargo definiria como "espasmo". A cada verso de Caetano, samba de Paulinho ou interpretação de Bethânia, é um tal de invocar, na melancolia e frieza das *lives*, um "Brasil perdido", vislumbrar o "Brasil que vale a pena", declarar abstrusas "saudades do Brasil". Sendo a música, e não outra arte, o que cimenta esteticamente nossa experiência coletiva, Chico não poderia faltar. E aqui estamos nós, como Vladimir e Estragon, esperando o país da brutalidade entrar num "tempo da delicadeza" que talvez nunca tenha existido para todos.

EM VIAGEM A PARIS, o protagonista de *Memórias sentimentais de João Miramar* tem saudade de São Paulo. Quando começou o livro, Oswald de Andrade ainda não descobrira o Brasil "do alto de um *atelier* da Place Clichy", como relatou Paulo Prado. Em 1912, embarcou num navio pela primeira vez, como seu personagem, em direção à Europa. Era então, como Miramar, um jornalista aspirante a escritor, um escritor que, a cada dia, tinha as mais altas aspirações. "A esse tempo talvez eu estivesse, sem saber, ao lado de Picasso e Apollinaire no celebrado Lapin Agile da *butte* Montmartre", escreveria ele em suas memórias.

Foi justo nas escadarias de Montmartre, epicentro das vanguardas, que um banzo forte pegou Miramar. No capítulo-episódio 52, batizado "Indiferença", busca "nostalgias brasileiras", "moscas na sopa de meus itinerários". Ao fim de uma enumeração de lembranças da terra — "Os portos de meu país são bananas negras/ Sob palmeiras/ Os poetas de meu país são negros/ Sob bananeiras" —, aproxima, a seco, dois substantivos, numa síntese capaz de desidratar muita bibliografia analítica: *"brutalidade jardim"*.

Haroldo de Campos lembra quanto o livro de 1924 é tributário do futurismo. E é num dos manifestos do grupo italiano que o crítico ajuda a entender as palavras ali plantadas. "É preciso abolir o adjetivo para que o substantivo mantenha sua cor essencial", transcreve Haroldo, em citação literal dos manifestos. E mais: "Cada substantivo deve ter seu par, isto é, o substantivo deve ser acompanhado, em locução conjuntiva, pelo substantivo ao qual está ligado por analogia".

Quando pensamos jardim, sentimos brutalidade. E nem sempre o inverso é verdadeiro.

TORQUATO NETO E A TURMA QUE Hélio Oiticica chamava de "família tropicalista" liam muito Oswald de Andrade. *Miramar* e *Serafim Ponte Grande* voltavam então à discussão a partir dos irmãos Campos, também eles interlocutores dos jovens que, depois do modernismo, deram o choque mais decisivo na cultura brasileira. "Geleia geral", parceria de Torquato com Gilberto Gil, encerrava o lado A do disco-manifesto *Tropicália ou Panis et Circencis*, entupido de referências, algumas diretas, ao autor de *O rei da vela*: "A alegria é a prova dos nove" está lá, como um lema de otimismo desencantado. Assim como *Miramar*, Torquato procede a uma enumeração de nosso entulhado imaginário, agora pop e vagabundo, triste como o diabo. Ao final dela, transplanta os dois substantivos:

> *As relíquias do Brasil:*
> *Doce mulata malvada*
> *Um LP de Sinatra*
> *Maracujá, mês de abril*
> *Santo barroco baiano*
> *Superpoder de paisano*
> *Formiplac e céu de anil*
> *Três destaques da Portela*
> *Carne-seca na janela*
> *Alguém que chora por mim*
> *Um carnaval de verdade*
> *Hospitaleira amizade*
> *Brutalidade jardim*

Ouça, uma vez mais, a gravação original, de 1968. E preste atenção na ênfase, entre irônica e agressiva, com que Gilberto Gil proclama: "Brutalidade jardim".

"A FRASE É UMA MONTAGEM CUBISTA em que as duas metades se contaminam, mas não se fecham num todo. O jardim e a brutalidade coexistem em justaposição contraditória. A frase de Oswald captura a posição ambivalente dos tropicalistas, que eram fascinados pela mitologia edênica nacional ainda que cientes de suas premissas e usos insidiosos.

O regime militar buscou representar o Brasil como um 'jardim' pacífico mesmo que tendo suprimido brutalmente sua oposição. A frase paradoxal de Oswald, aludindo à violência no contexto de uma arcádia tropical, encapsula telegraficamente o drama do Brasil no final da década de 1960 tal como visto pelas lentes tropicalistas." Assim o crítico americano Christopher Dunn lê essas palavras em acesa junção, a ponto de batizar seu importante ensaio sobre aqueles anos de *Brutalidade jardim: a Tropicália e o surgimento da contracultura brasileira* (Editora Unesp).

EM 1977, JEAN GENET DEFLAGROU um desconfortável e espinhoso debate ao publicar, na primeira página do *Le Monde*, "Violência e brutalidade". Escrito originalmente como prefácio a um volume de cartas dos membros do Baader-Meinhof, o grupo de extrema esquerda que promoveu dezenas de atentados na Alemanha nos anos 1970, o ensaio estabelecia uma separação entre os dois termos, defendendo a legitimidade do uso da violência contra as variadas formas de brutalidade que identificava nas sociedades democráticas e liberais. A violência, observa ele, está em toda irrupção de vida; já a brutalidade é sempre premeditada, é "o gesto ou a gesticulação teatral que acabam com a liberdade, tendo como única justificativa negar ou interromper uma conquista livre".

Genet não se acanalhara desde que, no final dos anos 1940, fora resgatado da prisão por uma campanha de intelectuais liderada por Jean-Paul Sartre e Jean Cocteau. Jamais se integrou totalmente à "vida literária", zeloso em manter-se à margem de um lugar que nunca seria efetivamente seu. Foi partidário dos Panteras Negras, da autonomia palestina e das causas tidas como "radicais" — ou seja, que não se furtavam ao enfrentamento essencial, sempre violento, com as estruturas.

O senso comum, argumenta Genet no ensaio, hororiza-se diante da violência, porém não hesita em compactuar com a brutalidade. Muitas vezes, disso bem sabemos, a indignação com atos violentos é salvo-conduto para o comportamento brutal. "A brutalidade assume formas das mais inesperadas, não identificadas imediatamente como brutalidade", adverte ele, antes de listar exemplos desconcertantes: "A arquitetura das moradias populares, a burocracia, a substituição do nome — próprio ou conhecido — pelo número, a prioridade, no trânsito, da velocidade sobre a lentidão dos pedestres, a autoridade da máquina sobre o homem que a maneja, a codificação de leis prevalecendo sobre o costume, a progressão numérica das penas, o uso do sigilo para interditar uma informação de interesse geral, a inutilidade do espancamento nas delegacias, a rispidez do policial com quem tem a pele escura, [...] o Rolls Royce de 40 milhões."

Atacado à direita e também à esquerda, Genet ficou dois anos em silêncio depois do episódio. O ensaio, que naquele momento de nervos expostos foi visto como uma defesa pura e simples do terrorismo, é muito mais. Traz uma reflexão ainda hoje urgente sobre os sentidos da brutalidade.

O avesso da pele (Companhia das Letras) é uma perturbadora carta ao pai. Pedro, o narrador do romance de Jeferson Tenório, está menos preocupado com um acerto de contas do que com a tarefa, tão afetiva quanto política, de contar a história de Henrique, homem comum que, como tantos outros triturados pelo racismo, não teve direito ao protagonismo da própria vida. Professor que prega no deserto de um supletivo de ensino fundamental da periferia de Porto Alegre, Henrique estropiou-se pela consciência, na idade adulta, de que a suposta normalidade de sua vida na capital gaúcha era, na verdade, inaceitável. Em países racistas como o Brasil, exclusão é regra, aberração é rotina.

A crueldade está nas "duras" aleatórias da polícia e na boa intenção protocolar — "Pessoas brancas nunca pensam que um menino negro e pobre possa ter outros problemas além da fome e das drogas". Está no descaramento do advogado, cidadão de bem, que emprega Henrique com uma ressalva — "Não gosto de negros" — e na acolhida, por definição afetuosa, entre os parentes de uma namorada branca — "Em pouco tempo, você era o negão da família, como também passou a ser uma espécie de para-raios de todas as imagens estereotipadas sobre os negros: pois disseram que você era mais resistente à dor, disseram que a pele negra custa a envelhecer, que você deveria saber sambar, que deveria gostar de pagode, que devia jogar bem futebol, que os negros são bons no atletismo. *Você não corre?*".

A desgraça de Henrique, constata o filho, foi ter vivido com a consciência da exclusão. A chamada "normalidade" tem cor. E o preço que se paga por ela é a aceitação incondicional da humilhação como regra e do preconceito como horizonte. *O avesso da pele* lembra que, entre nós, o pensamento emancipatório é sempre penalizado. E, de 2018 para cá, é marca comum dos inimigos do Estado.

A PROMESSA DE ORDEM FOI o fundamento primeiro das milícias, que com essa declaração de intenções ganhariam o apoio de moradores de comunidades cariocas subjugadas pelo tráfico. Pouco importava que o preço da paz armada fosse a mudança de mãos da violência e muito menos que esse processo acontecesse à margem da lei — com envolvimento explícito de muitos de seus agentes. A lógica prosperou e, como demonstra Bruno Paes Manso, em *A república das milícias: dos esquadrões da morte à era Bolsonaro* (Todavia), chegaria a Brasília.

Manso, que é jornalista e pesquisador do Núcleo de Estudos da Violência da USP, anda pela cidade, entrevista milicianos, estabelece com eles relações. E nos dá um relato didático do que vê ao narrar o encontro, por Zoom, com os fundadores da chamada Liga da Justiça, que já cumpriram pena e hoje vivem em liberdade: "Aos 71 anos, Jerominho não assustava mais com seu jeito de avô bonachão, uma grande barriga e rosto vermelho. Natalino, aos 64, era o tipo risonho que se calava, respeitoso, quando o irmão mais velho começava a falar. [...] Enquanto eu os ouvia, me perguntava como duas personalidades distintas podiam conviver em um único indivíduo? Habitavam o mesmo corpo o médico e o monstro? O matador e o homem cordial? Claro que eu não estava diante de pessoas com dupla personalidade. O carisma e a violência não eram traços opostos, mas complementares na formação dessas autoridades que mandavam nos bairros".

O PAÍS DA BRUTALIDADE TEM EM Torquato Neto seu poeta laureado. Até hoje, outra de suas parceiras com Gil, "Marginália 2", segue imbatível no retrato da "Tropical melancolia/ Negra solidão". Na terra dele, que é a nossa, tem palmeiras onde bate um "vento forte", vento "Da fome, do medo e muito/ Principalmente da morte". É país que se homenageia cantando, de mão no peito, o único refrão-exaltação possível:

Aqui é o fim do mundo
Aqui é o fim do mundo
Aqui é o fim do mundo

25 de fevereiro de 2021

PUNIÇÃO PARA OS GENOCIDAS

Agora que, soterrado por mais de 270 mil brasileiros mortos, o mais pusilânime dos analistas consegue, por consciência ou conveniência, digitar g-e-n-o-c-í-d-i-o, fica a pergunta de um zilhão de rachadinhas: quando e como a camarilha que nos ameaça pagará pelos crimes perpetrados contra a humanidade? Penso menos no trololó do "tribunal da história" do que em julgamento para valer. E, de preferência, cadeia, por mais precária que pareça qualquer punição diante do mal que já nos fizeram e ainda fazem.

Meus delírios de justiça no país do centrão e das milícias foram despertados pelas quatro horas e meia de *A memória da justiça*. Realizado nos anos 1970 e finalizado depois de intermináveis desavenças com produtores, o documentário de Marcel Ophüls investiga a responsabilização individual e coletiva pelo nazismo e pela guerra do Vietnã.

Sim, o cineasta traça paralelos entre o Terceiro Reich e o imperialismo americano, afrontando "especialistas" sempre a postos para defender seus argumentos, supostamente técnicos, e despolitizar os debates. E, sim, o paralelo se aplica ao fascismo tabajara — ainda hoje normalizado a cada vez que o Cavalão é tomado por "iliberal".

Ophüls já havia metido a mão no vespeiro da culpa coletiva em *A tristeza e a piedade*. A obra-prima de 1969 também passa de quatro horas escarafunchando, em arquivos e na memória de moradores de Clermont-Ferrand, o colaboracionismo durante a ocupação nazista, questão que tanto envergonha a França.

A memória da justiça é centrado principalmente nos julgamentos de Nuremberg. Ophüls descobriu, num depósito do exército americano, mais de cinquenta horas de filmagens, sem edição, dos tribunais internacionais que entre 1945 e 1949 examinaram a responsabilidade de membros do alto comando nazista, ministros civis e militares, burocratas, médicos, juízes e empresários — já pensaram? As sentenças variaram entre forca, prisão perpétua e penas de no máximo vinte anos. E, é claro, absolvições.

Ophüls se interessa pelos que se livraram do cadafalso ou de apodrecer numa cela. Todos juravam não ter conhecimento exato do que se passava nos campos de trabalho e extermínio e tampouco se consideravam responsáveis pelas atrocidades, apesar de ocuparem posições de comando. Uma lógica que fez escola através das décadas e insiste em chegar ao Brasil de 2021.

Particularmente perturbadora é a conversa com o arquiteto Albert Speer, homem altivo e sofisticado, que depois de duas décadas na cadeia concedia entrevistas frequentes e chegou a publicar memórias eivadas de sensacionalismo. Speer assumiu responsabilidade por todas as acusações que foram feitas mas, sempre que podia, dizia não ter ideia da solução final. Desafia Ophüls a localizar registros de qualquer pronunciamento antissemita de sua parte. Sorri, é gentil e sedutor. Depois de sua morte, em 1981, ficou provada sua participação ativa em deportações e no saque de patrimônio de judeus.

Em outro momento, tendo como fundo a trilha sonora de *A roda da fortuna*, o musical estrelado por Fred Astaire, Ophüls percorre paisagens nevadas e bucólicas — "os nazistas na Alemanha parecem sempre escolher lugares adoráveis para viver", comenta ele — em busca do paradeiro de Herta Oberheuser. Em Stocksee, colhe testemunhos sempre simpáticos sobre a médica de família que ali se instalou em 1952, depois de cumprir cinco dos vinte anos a que fora condenada por experiências macabras com mulheres e crianças — aplicava injeções e dissecava-as vivas no campo de Ravensbrück. Só em 1958 a doutora Herta, que foi solta por bom comportamento, teve seu registro profissional cassado. Morreu vinte anos mais tarde.

Ophüls conversa com simpáticos velhinhos alemães, todos dizendo ter horror à política e aos políticos e, àquela altura, nos anos 1970, minimizando o envolvimento das próprias famílias com o regime. Universitários dividem-se entre o debate sobre a responsabilidade e a defesa de um ponto-final na questão, para que a vida supostamente siga em frente. Num depoimento inusitado, casais de meia-idade, nus numa sauna coletiva, admitem que, sempre que puderam, pais e professores evitaram conversas sobre colaboracionismo e culpabilidade.

Quarenta e cinco anos depois da estreia do filme, continua sendo impossível obter respostas categóricas sobre as questões levantadas por Ophüls. Mas o essencial está em seu título: *A memória da justiça*. A falta dela, com a impunidade histórica de torturadores e a complacência com a violência de Estado, nos trouxe até aqui. Seu cultivo pode ser uma das poucas chances de nos tirar do poço que, no fundo, parece ter outro poço. Com um alçapão.

11 de março de 2021

PATACOADA OU MORTE

Toda vez que ouço falar em "ala ideológica" imagino um desfile de escola de samba nas trevas, com nerds protofascistas, fanáticos religiosos, nazistas, astrólogos, filhos disfuncionais, milicianos, terraplanistas e atores medíocres em animado cortejo rumo à Praça do Apocalipse. Nessa ala, os destaques são, *noblesse oblige*, os monarquistas, arrasando com seus brocados de atraso e resplendores escravistas. É luxo só. E, no quesito involução, é dez, nota dez!

São esses dom-pedros de camelô que ameaçam agora avançar sobre o Museu Nacional, planejando uma segunda catástrofe depois do incêndio que, em 2018, devastou o antigo Paço Imperial. O objetivo é expulsar do prédio os acervos científicos, uma das poucas colaborações efetivas dos monarcas ao Brasil, para transformá-lo num monumento à estultice, lugar de culto personalista a essa gente avulsa e inútil conhecida mundialmente como "realeza". O monumento monarquista tem tudo para ser um marco na refundação obscurantista do país. E potencial para se tornar cenário de uma série sobre o sangue azul tropical, o *The Cráu* Brasil.

Até faz sentido que o país que cheira cloroquina e caminha sem mugir para a UTI, arma na cintura e máscara instalada onde não bate o sol, queira varrer do mapa as preciosidades que sobreviveram à tragédia no palácio de São Cristóvão. Nas redes sociais, uma *otoridade* do

Instituto do Patrimônio Histórico e Artístico Nacional, repito, do Instituto do Patrimônio Histórico e Artístico Nacional, isso mesmo, do Iphan, reclamou que o lugar estivesse ocupado até então por "esqueletos de dinossauro".

Os homens de bem não veem a hora de, acompanhados de suas famílias, passar o fim de semana entre tronos e camas, espadas e joias, cetros e coroas. Em vez de levar do passeio noções de arqueologia e botânica, como aconteceu com tantas gerações que visitaram o "museu da Quinta", os pequenos de bem aprenderão a cultivar desde cedo aquela simbologia reluzente como paetê, que eterniza a repartição do mundo entre opressores e oprimidos, glorifica a exploração colonial e justifica o racismo.

O movimento parece mais uma patacoada dos supostos "tradicionalistas", que saíram dos bueiros aos magotes nas últimas eleições presidenciais. E até é. Mas na patuscada há método, trabalho contínuo e miúdo de reescrever aqui e ali a história para dela expurgar o que tem de conflitante e emancipatório.

A estratégia, ainda que claudicante, tem dado mais certo do que seria admissível. Mesmo minoritários, os negacionistas da ditadura militar de 1964 não deixam de ter destaque inaceitável nas micaretas bolsonaristas, babando de vontade de pendurar num pau-de-arara quem merece, ou seja, quem não concorda com eles. A naturalidade com que se fala em golpe e no papel dos militares numa nova quartelada não é menos alarmante: os fantasmas estão bem vivos e, ao que parece, se divertem.

Os negacionistas da história também estão preocupados com o futuro. Os cortes de verbas do IBGE, numa tentativa de inviabilizar o censo, pretendem apagar para futuras gerações o real impacto do que vivemos, do genocídio que até hoje matou mais de 330 mil e tem tudo para bater recordes. Nos livros de história fascistas, o país que jamais passou por uma ditadura sanguinária terá sido acometido, nos idos de 2020, por uma gripezinha, vítima que foi, é claro, de desígnios divinos — e de perigosos esquerdistas.

No fundo é compreensível a ansiedade de mudar a configuração do Museu Nacional. Para a "ala ideológica" — como se houvesse algum setor do governo que não fosse ideológico, mas essa é outra história — dinossauro bom é dinossauro vivo, de preferência batizado com vários prenomes, sobrenomes quilométricos e orgulhosos de seu passado — futuro? — parasitário. É isso aí: em time que está perdendo não se mexe.

8 de abril de 2021

BARBÁRIE ACIMA DE TODOS

Em 2018, quando o Brasil se deparava com a escolha difícil entre um presidente e isso que aí está, Jason Stanley lançou nos Estados Unidos um livrinho perturbador. Ao mapear e denunciar a extrema direita fantasiada de democrata e suas práticas, *Como funciona o fascismo: a política do "nós" e "eles"* resumia com clareza cada ponto do programa de governo da Aberração. Numa outra encarnação colunística, época que já se foi, chamei a atenção para o que nos ameaçava e tasquei no título: "Diante do fascismo". A coluna foi publicada numa sexta, o Inominável eleito no domingo e eu demitido na segunda. Melhor para mim, que desde 2019 desfruto de total liberdade na *Quatro Cinco Um*. Pior para todos nós, lançados no esgoto sob o silêncio obsequioso dos que desdenhavam da análise do professor de Yale, tida como "alarmista".

Quase três anos depois, a truculência do Cavalão, potencializada na pandemia, virou solução para os imparciais de outrora. A escalada fascista tornou-se poderoso detergente de biografias: quem abjurava a palavra com "F" passou a ganhar dinheiro com ela; quem espalhou, encadernadas, ideias abstrusas que sustentam a aberração, afeta indignação de tribuno provinciano; não faltou ainda quem dormisse Maria Antonieta e acordasse Rosa Luxemburgo, listando adjetivos desairosos ao presidente aos gritinhos de "basta!".

O fenômeno ainda espanta, mas não surpreende. Em 1950, Aimé Césaire lembrava, no *Discurso sobre o colonialismo*, que a Europa minimizou Hitler até começar a sofrer, nas mãos do Führer, o que ela própria infligia às suas colônias. Nas palavras do poeta martinicano esse processo terrível ganha tintas literárias emocionantes, mas na sabedoria popular brasileira poderia ser resumido pelo princípio imortal: "passarinho que come pedra...". Vocês sabem.

Em dezembro de 2018, *Como funciona o fascismo* foi lançado pela L&PM e até hoje vendeu cinco edições. O sucesso deve-se, é claro, às suas qualidades, mas está em relação direta com o fracasso da democracia brasileira. Não precisa ser profeta; basta não ser pusilânime ou conivente para identificar nos dez pontos relacionados por Jason Stanley o país em que homens brancos de motocicleta, perversão na cabeça e arminha na mão, circulam empoleirados entre as covas de mais de 500 mil assassinados pela combinação letal de estupidez e propina.

Enquanto se discutem a cor adequada para as manifestações pelo impeachment, a "terceira via" e indigências como "bolsolulismo", voltemos, ponto a ponto, a cada uma das dez características relacionadas em *Como funciona o fascismo*. O Brasil de 2021 gabarita, fácil, o teste de Stanley.

Passado mítico. O Brasil idealizado e perdido do bolsonarismo é o Brasil da ditadura, a glória, o esplendor do patriarcado, fantasia carnavalesca dos infernos que celebra a autoridade pessoal como signo do poder. "Na retórica de nacionalistas extremos", escreve Stanley, "esse passado glorioso foi perdido pela humilhação provocada pelo globalismo, pelo cosmopolitismo liberal e pelo respeito por 'valores universais', como a igualdade." Eliminada a hipótese de que o autor tenha dons premonitórios, ouve-se aí, admiravelmente sintetizada, a retórica do Luminar das Trevas, formulador da política externa brasileira que operacionalizou, em seus fundamentos, o genocídio por covid-19.

Propaganda. O líder fascista está sempre em campanha, tentando "ocultar os objetivos claramente problemáticos de políticos ou de movimentos políticos, mascarando-os com ideais amplamente aceitos". É essa a missão do asqueroso Gabinete do Ódio: promover interesses particulares travestidos de causas comuns. Escreve ainda Stanley: "Campanhas anticorrupção estão frequentemente no centro dos movimentos políticos fascistas. Políticos fascistas geralmente condenam a corrupção no Estado que querem assumir". Quem não tiver um pecado que atire a primeira rachadinha.

Anti-intelectualismo. A contaminação das políticas públicas de educação por valores religiosos e a razia no fomento à cultura são causa e consequência do país que compra como filósofo um cartomante versado em Aristóteles. "As universidades são degradadas em discursos públicos, e os acadêmicos são ignorados como fontes legítimas de conhecimento e expertise, sendo representados como 'marxistas' ou 'feministas' radicais que estariam espalhando um plano ideológico esquerdista sob o disfarce de pesquisa", escreve Stanley. "Ao rebaixar as instituições de ensino superior e empobrecer nosso vocabulário comum para discutir políticas, a política fascista reduz o debate a um conflito ideológico. Por meio dessas estratégias, a política fascista degrada os espaços de informação, obliterando a realidade."

Irrealidade. Esse ponto poderia ser resumido pelos brasileiros que deixam de se vacinar para evitar a implantação de um chip chinês de controle, bem informados que são por grupos de WhatsApp. A proliferação orquestrada das motivações bizarras e secretas do mundo bolsonarista deixou de fazer mal à inteligência para, efetivamente, matar. Uma vez ainda, há pouca novidade da estratégia: "O que acontece quando as teorias da conspiração se tornam a moeda da política e a grande mídia e as instituições educacionais estão desacreditadas é que os cidadãos não têm mais uma realidade comum que possa servir como pano de fundo para a deliberação democrática".

Hierarquia. Para os fascistas, há que se respeitar uma hierarquia "natural": homens, brancos e ocidentais detêm imemorialmente a régua pela qual se mede o mundo, dividem-se suas riquezas e se estabelece quem delas é merecedor. O ministro da Educação que não podia ouvir falar em "povos indígenas" e o quilombola que o candidato do PSL sugeria pesar em arrobas dão pistas de quem, no topo, decide quem fica na base dessa pirâmide de darwinismo social. Para Stanley, "os fascistas argumentam que hierarquias naturais de valor existem de fato e que sua existência desfaz a obrigação de considerar as pessoas iguais".

Vitimização. A cereja do bolo bolsominion é a recorrente vitimização dos truculentos, tese que não é nova e sempre teve ecos, antes tímidos, na sofrência congênita da direita brasileira, que há séculos domina o país lamentando-se das bordoadas da esquerda malvada. Sob o fascismo, esse sentimento se potencializa e perde-se a vergonha de defender teses repulsivas, como a de que cada pessoa negra admitida na universidade pelo sistema de cotas está roubando a vaga de uma pessoa branca. O racista e o homofóbico indignados, os ofensores ofendidos, saíram do bueiro.

Lei e ordem. Policiais incorruptíveis e juízes implacáveis são a fachada de políticas de extermínio e *lawfare* no mundo fascista. Se fosse um filme, o Brasil de hoje seria uma mistura de *Tropa de elite* com *O mecanismo*. A diferença sensível é que os mortos são reais, assim como os perseguidos e os resgatados pela "justiça", com minúscula e aspas obrigatórias. "A retórica fascista de lei e ordem é explicitamente destinada a dividir os cidadãos em duas classes: aqueles que fazem parte da nação escolhida, que são seguidores de leis por natureza, e aqueles que não fazem parte da nação escolhida, que são inerentemente sem lei", observa Stanley.

Ansiedade sexual. Para o patriarca real ou simbólico, todas as pessoas LGBTQIA+ são uma ameaça. É preciso, portanto, neutralizá-las simbolicamente ou, como se tem visto, exterminá-las. A ansiedade que poreja na família numerada estende-se à valorosa equipe do governo. A questão, diz Stanley, é mais funda e não pode ser circunscrita ao domínio dos "costumes": "Quando a igualdade é concedida às mulheres, o papel dos homens como únicos provedores da família é ameaçado. O destaque do desamparo masculino diante das ameaças sexuais a sua esposa e filhos acentua esses sentimentos de ansiedade perante a perda da masculinidade patriarcal. A política da ansiedade sexual é uma forma poderosa de apresentar a liberdade e a igualdade como ameaças fundamentais, sem aparentar explicitamente rejeitá-las. A presença marcante de uma política de ansiedade sexual talvez seja o sinal mais evidente da erosão da democracia liberal".

Sodoma e gomorra. As cidades bíblicas são aqui uma metáfora para a intolerância do fascismo à diversidade e à variedade social das metrópoles e sua dinâmica de funcionamento.

No Rio de Janeiro, a favela é o depósito de criminosos que pode e deve ser atacado de quando em quando. Com o mesmo prazer com que elogia chacinadores, o presidente fez questão de publicar nas redes sociais cenas de um *golden shower*, prova supostamente irrefutável da decadência dos costumes durante o Carnaval. Ao territorializar o preconceito, o fascismo mapeia e organiza a execução da violência.

ARBEIT MACHT FREI. O dístico "O trabalho liberta", que encimava o portão de Auschwitz, é uma das formas de o fascismo produzir divisão na sociedade: aos que trabalham nos termos vistos como produtivos (trabalho intelectual, nem pensar), a honra; aos demais, nada — ou a morte. Assim, milhares de cidadãos foram empurrados para a contaminação pela covid-19, sendo o isolamento social, condição fundamental no combate à pandemia, associado aos "preguiçosos".

Em *Como funciona o fascismo*, Naro não era citado, pois, ainda candidato, desfrutava de um pouco provável benefício da dúvida. Hoje seu governo é consagrado internacionalmente. Seu nome figura em uma lista de dezessete líderes analisados em *Strongmen — Mussolini to the Present* (2020). O livro da historiadora norte-americana Ruth Ben-Ghiat entroniza o líder brasileiro, "conhecido por piadas com estupro e por saudar torturadores", em um panteão que inclui Hitler e Pinochet, Putin e Duterte, Idi Amin e Berlusconi. Oito deles levados ao poder por eleições — com as instituições funcionando na normalidade e, provavelmente, analistas equilibrados menosprezando as infundadas advertências sobre novas encarnações do fascismo.

8 de julho de 2021

A ANTICULTURA BOLSONARISTA

Estava Mario Frias concentrado, já tinha chegado à metade da página da Wikipedia dedicada a Lina Bo Bardi, quando resolveu ir ao *tuíter* praticar um pouquinho de racismo recreativo. A rede social, que costuma passar pano na família numerada, foi implacável, como o é com todo mundo que não a interessa: apagou o post. Que maçada.
 Lamento sinceramente o transtorno. Frias terá que começar tudo de novo. Na última vez que tentou se informar sobre quem foi a Bo Bardi e o que ela fez, o secretário especial precisou de dois assessores e gastou R$112 mil dos cofres públicos — custo da viagem educativa do trio à Bienal de Arquitetura de Veneza, que a homenageava.
 A vida da secretaria de Cultura não é fácil. Afinal, há que se ter atenção máxima para qualquer avanço da Ruanê, a maquiavélica lei que Fernando Collor de Mello, esse Lênin, inventou para dar vida boa a esquerdopatas. A conspiração internacional comunista é tão ativa que a secretaria teve que botar Bach e Deus na causa para tentar impedir a realização do Festival de Jazz do Capão, na Bahia.
 Ao declarar o festival "antifascista", os organizadores acionaram inadvertidamente o departamento de recibos da secretaria de Cultura. Trata-se de uma operosa repartição, que trabalha dia e noite, sobretudo num momento de glória da "política cultural bolsonarista", aberração que

eu já ia tratar como um oximoro mas desisti em respeito a seus formuladores, gente que mal sabe comer com talher e, como dizia Millôr Fernandes, ainda pode se machucar na corrida ao dicionário.

O ínclito (dá para ver no Google, é menos arriscado) Frias é o quinto e mais longevo ocupante titular da Cultura, rebaixada de ministério a secretaria em total consonância com a cabeça de quem toma por intelectual um vidente de mafuá. Dos dois primeiros, ninguém lembra, sendo suficiente sublinhar aqui terem sido indicados pessoalmente por Osmar Terra.

Já os dois antecessores do egrégio ocupante do cargo são inesquecíveis por nos proporcionarem o grotesco, alívio cômico necessário à tragédia de mediocridade em que soçobramos. Assim como este, aqueles tinham origem nas chamadas artes cênicas, ainda que não exatamente em seus mais altos momentos.

O primeiro começou na vanguarda da arte até se descobrir mais à vontade na retaguarda da alma. Sentia um barato estranho quando ouvia Wagner e, na impossibilidade de invadir a Polônia, decidiu que salvaria nossa arte degenerada. Passou do ponto. E, qual um Goebbels de papel machê e brilhantina, derreteu em cena, diante do público.

Da segunda ocupante do cargo ninguém pode dizer que não entendia a alma do brasileiro. Cafona, reacionária e piegas, a Noivinha do Brasil Fascista fez de sua passagem pela pasta uma telenovela medíocre, gênero que estrelou por décadas. Chegou à pasta em meio a uma pantomima de festa junina, com direito a metáforas indigentes com namoro e casamento. Desgraçadamente, a encenação foi interrompida antes do fim. Ficou faltando o delegado e a cadeia, um e outra metafóricos, é claro.

A política cultural bolsonarista, como eu dizia, é mesmo um oximoro — espero que já tenha dado tempo de visitar o Pai dos Burros. E também que, na corrida, ninguém tenha se ferido.

16 de julho de 2021

MAIS MOLOTOV, MENOS TCHÉKHOV

As chamas que atingiram a Cinemateca Brasileira não são as mesmas que chamuscaram a estátua do Borba Gato. Tudo é fogo, mas um vem do descaso e o outro, da revolta. Se no Brasil de hoje a combustão é inevitável, está na hora de escolher seu incêndio — sob pena de ser consumido à própria revelia.

Em agosto de 1967, os leitores da *New York Review of Books* receberam instruções para fabricar um coquetel molotov. Na capa da segunda quinzena do mês, Robert Silvers fez estampar não uma visão artística da bomba incendiária, mas o diagrama de uma garrafa estabelecendo as proporções de gasolina (2/3) e de uma mistura de cascalho com sabão em pó (1/3), bem como a estrutura do pavio — corda de varal e um pedaço de pano embebido em combustível. Sob a manchete "A violência e o negro", chamadas destacavam ensaios em que Andrew Kopkind e Tom Hayden discutiam o *long, hot summer*, onda de conflitos raciais que conflagraram diversas cidades americanas naquele verão.

Homem de modos fidalgos e ternos bem cortados, Silvers estava longe de ser um carbonário. Cofundador da NYRB e por mais de cinquenta anos seu editor, ele sabia muito bem o que estava fazendo: com a contundência necessária, lembrava que, quando o mundo ferve, poltronas e estantes são o último lugar para confinar literatura, ideias e arte em geral. Intelectuais à direita viram na imagem incitação à violência; à esquerda, o molotov representava o sumo do radical chique. A despeito de uns e outros, o momento era grave e a política, mais do que o efeito de miasmas parlamentares e composições partidárias. Como no Brasil de 2021, a questão mais funda dizia respeito à liberdade e aos direitos fundamentais.

Os leitores da *Quatro Cinco Um* podem ter uma vaga ideia da situação voltando a outubro de 2019, quando uma Fernanda Montenegro em *cosplay* de bruxa, prestes a ser queimada numa fogueira de livros, posou para a capa desta revista num posicionamento inequívoco de afronta ao obscurantismo que transborda dos bueiros bolsonaristas. Entre os que desdenharam da imagem como facilidade retórica e os que a deploraram por encarnar os inimigos imaginários do governo, corria uma mesma seiva, a da desmobilização. No dicionário do senso comum destes tempos deprimentes, "politização" é termo de várias acepções, em boa parte delas, negativas.

Bom exemplo da areia movediça nossa de cada dia é a controvérsia sobre o uso dos pronomes neutros. Há o comissário fascista que vê no uso de "todes" um ato de "vandalização" da cultura. Intelectuais progressistas opõem-se à prática com nobres argumentos. Uns e outros, que jamais serão equivalentes, condenam a operação pelo que de fato ela é, uma ação política, que pelo estranhamento quer fazer refletir sobre a naturalização dos gêneros e tornar a língua supostamente mais inclusiva. A diferença é que, com o reacionário no poder, a nuance intelectual vira bucha de canhão. Ainda assim, muita gente boa pensa que, para manifestar oposição, basta ser quem é.

Em meados do ano, Marisa Monte voltou à praça para vender como alta cultura a alta-costura que a consagrou. Naturalmente instada a se pronunciar, como artista e cidadã, em relação à barbárie dominante, a cantora alinhavou platitudes sobre o "descaso" oficial com a produção cultural. A seu público, imenso, não se dirige em termos inequivocamente políticos e combativos. "Sigo fazendo resistência poética e amorosa", declarou. A arena pública, hoje conflagrada por uma dramática disputa de posições que pode fazer toda a diferença em 2022, ela prefere desqualificar como "gritaria". E, lembrando o engajamento em campanhas pela "paz", "direitos humanos" e "preservação da Amazônia", resume sua luta genérica numa fórmula à beira do precipício conformista: "Prefiro dar espaço para a cura. Essa vacina musical".

O *best-seller* do Brasil engajado na teoria e dócil na prática é *Torto arado*, de Itamar Vieira Junior. Com mais de 200 mil exemplares vendidos, prêmios a mancheias e já nas listas com *Doramar ou a odisseia*, o escritor é inequívoco opositor da truculência. O Brasil de seus livros é brutal: mulheres, negros, indígenas e pobres, seus personagens nascem das diversas interseções da multidão despossuída. Todos são vítimas de grandes e pequenas violências, mas só aqui e ali reagem, arrastados por um fatalismo conformista. A dignidade é para eles um tesouro, ainda que não garanta comida, terra ou liberdade. Em contato com o tal "Brasil profundo" — Vieira Junior diz gostar do termo, expressão de autoexotismo —, o leitor comove-se com as vítimas da barbárie, mas não é instado a combatê-la. É essa a postura pública de um escritor que tem milhares de leitores, famosos como Lula, anônimos ou congregados no fã-clube *Tortoaraders*. A eles o escritor fala em literatura como "magia" e se assume como porta-voz de uma "literatura brasileira", coletivo que, se existe, não serve para muita coisa.

Tão importante quanto se perguntar como e por que abraçamos o fascismo é investigar os motivos desse alheamento engajado, da arrogância invertida de enfrentar a metástase fascista com a arte convertida em mistificação, homeopatia do espírito. Certamente haverá tempo mais propício a sutilezas ou ao purismo autocongratulatório. A opressão sem subterfúgios que se vive hoje pede, no entanto, reações igualmente frontais.

"Mais Mises, menos Marx", propagandeiam alguns dos mais operosos colaboracionistas do regime. Mais molotov, menos Tchékhov, poderíamos contrapor a partir da capa da nyrb. Se o gênio russo representa delicadeza, silêncios e subentendidos, as chamas, simbólicas ou reais, dão a voz de combate de que precisamos para sair desta.

12 de agosto de 2021

COLABORACIONISMO À BRASILEIRA

"A democracia sempre foi um viveiro para fascistas porque, por sua própria natureza, tolera todas as opiniões", escreve Jean-Paul Sartre em "O que é um colaborador?". "É importante, portanto", prossegue ele, "que elaboremos leis restritivas: não deve haver liberdade contra a liberdade". A advertência, que se referia à França do segundo pós--guerra, só não é mais perfeita para o Brasil de 2021 porque lá, naquele momento, o fascismo já tinha sido derrotado.

Publicado em 1945 em *La République Française*, uma revista da Resistência impressa em Nova York, o ensaio traça o retrato do cidadão francês que, diante da escolha difícil entre a república e o nazismo, preferiu apostar na política de aniquilação e destruição capitaneada pelos alemães. Assim como os fascistas tropicais não nasceram de um dia para o outro com o protagonismo do Cavalão, os *colabôs* não brotaram, do nada, com a eclosão da Segunda Guerra Mundial — e nem iriam desaparecer com o fim dela. Fica a dica.

É um erro frequente, observa Sartre, explicar o colaboracionismo pelo pertencimento a uma classe social ou a adesão pura e simples ao conservadorismo. Os *colabôs* nascem de "uma determinação individual, não de uma posição de classe". Eles são resultado de desagregação social e podem ser reconhecidos em três frentes: "elementos marginais" do sistema político, intelectuais que abjuram sua origem mas não têm "coragem ou possibilidade" de se identificar ou defender outro lugar ou posição e, finalmente, os numerosos "fracassados do jornalismo, da arte e do ensino".

"A maioria dos colaboradores foi recrutada entre os que chamamos de anarquistas de direita", diz o filósofo. "Eles não aceitam nenhuma lei da República, se declaram livres para recusar os impostos ou a guerra, recorrendo à violência contra seus adversários a despeito dos direitos reconhecidos por nossa Constituição". O impulso supostamente libertário é paradoxal, já que em sua maioria os *colabôs* não veem problema em se submeter a um regime de força: "O culto do fato isolado e o desprezo pelo Direito, que é a universalidade, leva-os a se submeter a realidades rigorosamente individuais: um homem, um partido, uma nação estrangeira".

Em nossas latitudes, a boçalidade não é produto de uma ocupação de forças externas — ela é endógena, acontece dentro de nossas fronteiras. Não é, portanto, sem masoquismo que um cidadão negro é fiador do racismo de Estado, jornalistas trabalham contra a plena liberdade de imprensa e supostos artistas sabotam qualquer possibilidade de uma política cultural decente. O que os une é a convicção de que seu lugar na sociedade só pode ser garantido pela destruição, pelo arrasamento dos valores caros a um mundo do qual não fizeram parte ou ao qual não se integraram como pretendiam. Ressentimento é mato.

É colaboracionista aquele que, encarapitado num grande jornal, dissemina negacionismo como opinião; e também o coleguinha que, em mal disfarçado corporativismo, o defende com premissas pseudo-liberais. É colaboracionista aquele que não perde a chance de promover equivalências entre extrema direita e oposição democrática. E também o radical defensor da liberdade de agir contra a liberdade.

É colaboracionista o jornalista — ou alguém que assim se identifica — que topa brincar de entrevistador para servir de escada e capacho ao "PR" e a seus porta-vozes formais e informais. Assim como todo dono de veículo de comunicação que, desfrutando de concessão pública, abre microfones e câmeras para o chorume oficial, criando dezenas de sucursais de uma agência nacional do esgoto.

São colaboracionistas o cantor de segundo time travestido de ativista, o filósofo de terninho nas fronteiras da repugnância, o liberal contrário às medidas sanitárias, o crítico literário racista e arrivista, a cadeia de mediocridade em torno do cartomante aristotélico — quem dele é aluno, quem o publicou e publica, seus melancólicos epígonos e as risíveis polêmicas por eles atiçadas.

Muito antes de 2018, todos estes vinham investindo na dissolução das instâncias democráticas. Hoje, em meio à miséria generalizada, aos escombros da decência e aos cadáveres, dobram a aposta na mediocridade destrutiva. A aceitação pacífica dessa gente, não custa lembrar, é a normalização da desonestidade intelectual.

É colaboracionista, hoje, todo aquele que, tendo voz pública, se abstém — mesmo que, em tese, não subscreva os valores de destruição. Pois em momentos graves, quem não é inequivocamente contra é, na prática, a favor.

26 de agosto de 2021

MOCOTÓ OU MORTE

O primeiro grito envolvia muitos milicos (23), alguns civis de casaca (dez) e um trabalhador descalço, tangendo quatro cabeças de gado. No centro da imagem, encarapitado num cavalo e com a espada em riste, Pedro de Alcântara Francisco Antônio João Carlos Xavier de Paula Miguel Rafael Joaquim José Gonzaga Pascoal Cipriano Serafim de Bragança e Bourbon soltava o brado retumbante: "Independência ou morte!". Desde 1888, quando Pedro Américo concluiu o quadro, a cena às margens do rio Ipiranga, em São Paulo, virou o emblema da suposta independência desse triste torrão. Talvez venha daí, do 7 de setembro de 1822, a ideia de que, no Brasil, tudo se resolve no grito.

Pouco menos de um século depois, a mais de quatrocentos quilômetros do Ipiranga, o segundo grito mobilizava uma turma de jornalistas e humoristas no bairro carioca do Flamengo. Envolvia os milicos, os cavalos, o caboclo e o gado. Um dos gaiatos, Sergio Jaguaribe, o Jaguar, recortou o quadro de Pedro Américo e, em novembro de 1970, o fez imprimir no *Pasquim*, não sem antes acrescentar à boca de Pedro I um balãozinho com nova versão do grito de liberdade: "Eu quero mocotó!!".

Os milicos, não os do quadro, os do Planalto, não acharam graça em ver o Demonão, apelido de alcova do imperador, cantando o refrão de um dos hits do momento, "Eu também quero mocotó", de Jorge Ben, que Erlon Chaves e a Banda Veneno apresentaram no quinto Festival Internacional da Canção. Foi o pretexto para prender, por mais de dois meses, quase toda a redação.

O terceiro grito, como o primeiro, aconteceu neste 7 de setembro. Cento e noventa e nove anos depois do primeiro e a pouco mais de dez quilômetros do Ipiranga, envolveu um número não determinado de milicos e milhares de civis no papel de gado. No lugar do cavalo, um trio elétrico e, no lugar do Demonão, o Cavalão, apelido de caserna do primeiro e único soberano do Império das Rachadinhas. No ritmo entrecortado que lhe é peculiar, de quem lê um mau texto num teleprompter empacado, atacou a democracia que o elegeu, desafiou a Justiça e a lei. Prolixo, retumbou: "E aqueles que pensam que com uma caneta podem me tirar da presidência, digo uma coisa pra todos: nós temos três alternativas: preso, morto ou com vitória. Dizer aos canalhas que nunca serei preso". Delinquência ou morte?

Na falta do poder de síntese atribuído a dom Pedro I, o Führer do leite condensado nos induz a muitos raciocínios e levanta múltiplas dúvidas. Pela sobeja habilidade em fazer amigos e influenciar pessoas, é mesmo pouco provável que, pelo menos por enquanto, passe uma noite sequer no xilindró. A acreditar no resultado de todas as pesquisas da intenção de voto, é mais fácil que um bolsominion leia (e entenda) Judith Butler do que seja reeleito em 2022. No que diz respeito à morte, não opino: a autoridade no assunto é ele, entusiasta do fuzil, condescendente com massacres de indígenas e pobres e corresponsável pela morte de quase 600 mil brasileiros na pandemia.

Ainda assim, devemos admitir que, com possível exceção de um vinil do Sérgio Reis, tudo na vida tem um lado bom. E o resultado imediato das retretas fascistoides não foi o fim da democracia, mas o das nuances. No Rio de Janeiro, berço das milícias, Queiroz, o símbolo máximo do cidadão de bem, teve dificuldades em se desvencilhar dos fãs. Em Brasília, o líder máximo, de faixa e tudo, desfilou orgulhoso no Rolls-Royce que, depois de transportar Charles de Gaulle e Carluxo, foi pilotado por um Nelson Piquet consagrado como Uber de autocrata. Na Paulista, um descendente direto do Demonão, aquele lá do primeiro grito, também deu seu decrépito apoio à barbárie.

Ao faltar com o respeito à Constituição, às leis e, principalmente a nós, cidadãos que financiamos a micareta nazi enquanto falta comida e vacina, o Presidente da República nos desobriga de respeitá-lo. Ou melhor, marca uma linha muito clara: quem, tendo voz pública, ainda encontrar adversativas na análise do mais descarado ataque à democracia, antessala do golpe de Estado, é no mínimo colaboracionista. Desculpem se estou monotemático, se retomo a última coluna. Mas a culpa não é minha, é da História, que no Brasil se repete como chanchada e, ao mesmo tempo, como tragédia.

9 de setembro de 2021

A CORAGEM DOS COVARDES

O conservadorismo à brasileira constrói suas virtudes a partir do que entende como vícios alheios. Recorre de Stálin ao "identitarismo" para montar espantalhos na velhíssima tradição de demonizar a esquerda. Pusilanimidade, como se sabe, não é crime. Mas também compensa.

A cascata da terceira via só magnifica o que acontece nos debates intelectuais. Do ponto de vista eleitoral, à falta do que propor como alternativa à barbárie bolsonarista e aos favoritos provisórios de 2022, isentões e militantes do Movimento dos Centristas Sem Bússola (MCSB) dedicam-se com afinco à produção de quimeras.

Menos Marx, mais Mises (Todavia), o excelente livro de Camila Rocha sobre a "nova direita", explica como os adeptos da selvageria de mercado desde sempre fizeram da "esquerda" a inimiga certa das horas incertas. Tão nova quanto a bossa nova, essa direita reúne o que há hoje de pior na vida pública brasileira: apoiou e apoia, às vezes fingindo que rejeita, o fascismo que é útil ao mercado.

Entendo que essa laia congregue empresários engajados em si mesmos — consciência de classe é isso aí. Lamento que mobilize cidadãos "comuns" devotados a teorias e práticas que, disseminados por *think tanks*, reafirmam a depreciação de suas vidas e, eventualmente, até sua extinção. E deploro que tenha o apoio de intelectuais e analistas em convenientes omissões.

Foi em 2016 que isentismo virou sinônimo de sagacidade. No suposto debate sobre a propriedade de chamar o golpe de golpe, procrastinava-se a questão central: era preciso ser inequivocamente contra ou a favor de desqualificados que abriram caminho para o Cavalão. E o intelectual adversativo, fascinado pela própria retórica, justificava a evasiva como sinal exterior de "independência" — um ativo que no mercado das ideias só vale pela prática, jamais por autodeclaração.

Daí chegamos à ideia, hoje popular, de que defender o indefensável é demonstração de audácia intelectual. Nessa lógica, distorcer a história para enxovalhar a luta antirracista é não apenas conveniente, mas desejável. Na sociologia de almanaque, isolamento social é prática de sanitaristas "de esquerda", assim como aquecimento global é visão de mundo ideologizada.

Correndo por fora da lacração, numa pista passivo-agressiva, vem ainda os motoboys da *Economist*. Limpinhos, de terninho, não vociferam — apenas ironizam. Na melhor tradição do intelectual aduaneiro, terceirizam controvérsias. Quando se olham no espelho, querem-se ingleses. Ao afetarem o tédio da superioridade moral, escancaram o bovarismo que, assim como samba, a prontidão e outras bossas, é coisa nossa.

Millôr Fernandes é, curiosamente, uma vítima contumaz dessa gente. Quando rebatidos, os valentões citam: "Jornalismo é oposição. O resto é armazém de secos e molhados". A frase é perfeita, mas não se aplica a invertebrados. Quantos, dentre tantos destemidos que hoje a repetem, bateram de frente com os poderosos? Ou com seus patrões? Millôr, muitas vezes — custando-lhe relações e empregos.

Quantos entre os mesmos desassombrados, antibolsonaristas quando é fácil sê-lo, teriam a coragem de atacar com a mesma ferocidade um presidente com altas taxas de aprovação, sobretudo entre os mais ricos? Millôr massacrou Fernando Henrique Cardoso — e, antes dele, Sarney — na convicção de que crítica para valer se faz de baixo para cima, mirando sempre os fortes. Em sete décadas de trabalho, fechou muitas portas. Na mesma proporção que seus supostos admiradores são hoje craques em mantê-las abertas.

14 de outubro de 2021

CONTRA OS CRETINOS

"Penso no mundo, no meu país, na universidade, na minha família, trata-se de uma confusão, eu entro é em parafuso, eu sou incapaz de sentar e entrar em meditação transcendental."

Assim falou Maria da Conceição Tavares, o Zaratustra dos exasperados, num dos vídeos de aulas e entrevistas que, como diz o clichê detestável, "viralizaram" em dois perfis do Twitter — @acervo_tavares e @acervotavares. Para quem, como este que vos digita, não consegue mais interagir com o Brasil sem ficar à beira de um ataque de nervos, a economista é um poço de placidez e equilíbrio. Praticamente o dalai-lama.

Fumando sem parar, Conceição não sossega. Anda de um lado para outro diante do quadro-negro. Fala rápido, se atropela. Fala alto. Xinga. Grita. Perde as estribeiras — não com os alunos, mas com as forças desembestadas da história, as alturas da filosofia e, é claro, a crueldade da economia.

Sua impaciência é ecumênica, mas especialmente dedicada à hipocrisia e ao cinismo, tão comuns entre tantos de seus pares que há décadas nos infelicitam. E também atenta à indigência intelectual dos que legitimam os cretinos: "Quando um analista recorre a ouvir o jargão udenista de que o problema é que são uns corruptos e uns canalhas, estamos conversados. Não tem teoria, nem razão, aliás, nem história. Tem simplesmente um chinfrim".

Tão importante quanto os pontos de vista que defende é a forma como o faz. Num contraponto fundamental aos intelectuais assépticos, camelôs da moderação e da tecnocracia, Conceição lambuza-se em suas convicções. Como toda mulher veemente, já foi a histérica da vez. Osso duro de roer, também despertou condescendência e sofreu a homenagem ambígua de virar personagem em programa humorístico.

A exasperação, que a professora eleva ao estado da arte, é a parte maldita da inteligência. É sinal exterior de destempero e, por homenagear a impaciência, expressa vigor intelectual e paixão. É um recado, incômodo, de que não há tempo a perder repisando ideias vazias. E de que só existe ideia de verdade onde não há clichê.

A pressa é amiga da exasperação. Com impressionante disposição de intervir e desassombro de analisar, Conceição prefere errar depressa a acertar devagar. Num dado momento defende que cultura crítica para valer, da literatura ao cinema, é com a "malta" do idealismo alemão. Artistas americanos como Spike Lee, Jim Jarmusch ou Scorsese têm, a seu ver, evidentes limitações, mesmo problema de um crítico como Marshall Berman, uma moda dos anos 80: "Toda a miséria do mundo está no cinema americano. Só que eles não são capazes de aprofundar. Eles fazem dois filmes e terminou. Fazem um livro, que em geral é um bochorno completo, tipo aquele pobre daquele sujeito que veio lá do Bronx, a porra do *Tudo que é sólido se desfaz no ar*, que é uma salada gigantesca, você percebe que o sujeito está mais perdido que umbigo de vedete, que aquilo é uma salada, que ele não sabe do que está falando."

A voz permanentemente exaltada nos lembra ainda que a exasperação muitas vezes nasce de uma consciência aguda da injustiça. Em *Clara dos Anjos*, Lima Barreto explica assim a gritaria que, no início do século 20, era comum nos subúrbios cariocas e, ainda hoje, marca os desassistidos, sempre à flor da pele: "O estado de irritabilidade, provindo das constantes dificuldades por que passam, a incapacidade de encontrar fora do seu habitual campo de visão motivo para explicar o seu mal-estar, fazem-nas descarregar as suas queixas em forma de desaforos velados".

Hoje aposentada, aos 91 anos, Maria da Conceição Tavares sabe muito bem por que é impossível pensar o mundo de forma serena. Afinal, segundo ela, o "careca Lênin" parece não ter mesmo entendido nada da revolução de 1905 e, na social-democracia europeia, só restou aos sindicatos traídos mandar os governantes "tomar no cu". Não é com bons modos ou de cabeça baixa, nos lembra, que se pode enfrentar a truculência e a estupidez. Um bálsamo.

11 de novembro de 2021

A NOVA ERA DO RESSENTIMENTO

Em *O último gozo do mundo*, uma socióloga com veleidades literárias tenta, num futuro próximo, decodificar a própria vida e o Brasil devastados pela covid durante uma viagem de carro com o filho pequeno. A criança havia nascido em meio ao sobressalto em que ela vive nos últimos tempos: no desarranjo social e emocional da pandemia, a transa impulsiva com um jovem desconhecido, de quem perde as pistas, resultara na gravidez solitária. "Ela esperava", diz o narrador, "que no final a viagem os contemplasse com uma visão de futuro."

Anônima como a protagonista da novela de Bernardo Carvalho, a atriz de "O sítio", um dos oito contos de *Anos de chumbo*, de Chico Buarque, propõe a um escritor, homem mais velho que conhecera havia pouco, o aluguel de uma casa nas montanhas — onde aguardariam o fim da "peste". "Era grande a possibilidade de eu me entediar, mas ao nos conhecermos, quando deixei escapar que esboçava um livro de contos, ela disse que eu só tinha a ganhar num recanto ermo e bucólico, propício a atividades intelectuais", escreve o personagem.

Também isoladas estão Fran Clemente, "influenciadora digital", e Ju, doméstica. O que as une num apartamento de mil metros quadrados, de frente para o mar, não é sexo ou carência e desespero genuínos, mas a teia de relações perversas entre patroa e empregada. "A Ju não tem família no Rio. E preferiu fazer a quarentena comigo. Melhor aqui que na favela, né?", diz Fran a seus seguidores. *Confinada* reúne em livro os quadrinhos que Leandro Assis e Triscila Oliveira publicaram no Instagram, como um folhetim, incorporando à relação das duas o cotidiano recente do país.

Manda a prudência, e é prudente desobedecer a ela, que se tome distância histórica para tentar destrinchar a realidade da ficção. A avidez por entretenimento estimula o contrário: quanto mais histórias baseadas "em fatos reais" melhor, sendo a literatura, nesses casos, uma etapa em direção à produção audiovisual industrial. Estes três livros mantêm-se, impávidos, equilibrados nesse cabo de guerra, caminhando na corda esticada e desobrigados de escolher uma das pontas.

Dos contos de Chico, mais tradicionais, aos quadrinhos realistas, passando pela prosa estranha-familiar de Bernardo, a tragédia da pandemia serve, na ficção, para magnificar a extensa e profunda derrocada do país. Pouco comparáveis entre si, os autores flagram, em detalhes expressivos, a hedionda refundação do Brasil pelo ressentimento — que é, em última instância, um movimento suicida. "O país conspirava contra si mesmo", observa o narrador de *O último gozo do mundo*. "É possível que tivesse conspirado contra si mesmo desde sempre e que a doença fosse seu coração. O que o governo afinal representava às claras era uma sociedade consagrada a espoliar-se até a morte."

A miséria desse Brasil desolado tem origem difusa. Dificilmente se explica a partir do udenismo vulgar, moralização da política que une austeros de conveniência e exaltados taxistas. Também não foi inventada pela "elite dos medíocres" que chegou ao poder com os bolsonaristas. Quase não resta dúvida, no entanto, de que nossa desagregação é causa e consequência, emboladas, do rancor e da frustração que, na rotina das redes, turbinam e arruínam o debate público.

Essa dinâmica é exposta e manipulada por Chico Buarque a partir do título de seu livro. A associação, na capa, de seu nome ao clichê surrado para definir a ditadura civil-militar atrai e frustra quem espera uma renovada associação entre a biografia do autor e o período. Ainda que o conto-título se passe efetivamente na década de 70, os demais são variações sobre os fascismos contemporâneos, que se alastram num país que preferiu ser condescendente com seus algozes do passado.

A bordo de um SUV, o miliciano que não diz seu nome saliva para "comer o rabinho" da adolescente que protege. Outros delinquentes como ele destroem rotineiramente uma família. No bairro endinheirado, a moradora de rua vive todo tipo de segregação. No Brasil que desaprendeu a admirar e cultuar Clarice Lispector em textos apócrifos, nem o "grande artista", autorreferência derrisória, resiste à rede de ódio que o engolfa. Ninguém escapa aos infinitos anos de chumbo.

Para a protagonista de *O último gozo do mundo* não há saídas. "Mais de dois anos" depois do início da pandemia, com levas de mortos se sucedendo a confinamentos e aberturas, o "novo normal" é mais radical do que se esperava: "No confinamento, entendeu o paradoxo de um passado indelével que não admite passado, como se o mundo começasse ali. Era o que já anunciava a rede antes da quarentena e que a quarentena chancelou como norma. O passado reconfigurado não mais pela memória mas pela soberba voluntariosa da simultaneidade".

Se apagou o passado, o presente contínuo também inviabiliza qualquer projeto para o futuro. Na previsível desorientação, cada um busca por si o tal "último gozo", individualismo feroz em que a ideia de "meu país" não representa o coletivo, mas a predação do mundo para a satisfação particular. Se o país é meu, faço com ele o que quiser — parecem dizer os brucutus. Como se vê, trata--se menos de distopia, essa palavra desgastada, do que de um assustador realismo.

Ao definir sua novela como "uma fábula", Bernardo Carvalho refere-se menos ao enquadramento num gênero literário do que à forma que sua personagem encontrou para contar, ao filho e a si mesma, o inominável que estão vivendo. "A história estava suspensa, transformara-se em fábula", observa ela. "Não havia outra possibilidade narrativa, o que permitia as versões mais diversas, conflitantes e simultâneas, mas não a contradição. As conexões tinham sido abolidas."

Confinada combate com energia outro dos efeitos colaterais de um país decaído: a eleição da platitude como visão de mundo e do clichê como argumento. A simplificação como norma é um prato cheio para o classismo e o racismo, interseção de abjeções que estrutura o mundo que Leandro Assis e Triscila Oliveira decalcam na típica classe média alta carioca, um dos megafones do que há de pior no Brasil de hoje.

Fran, a blogueira "gratiluz", se vê sozinha na cobertura com piscina — o marido está isolado na Itália, primeiro pela pandemia, depois pela polícia, por se recusar a cumprir medidas sanitárias. Dispensa, com meio salário, duas das três "funcionárias", eufemismo corporativo para a estrutura escravocrata que sustenta. Ju, a terceira, topa ser companhia de aluguel, mas exige como remuneração extra o que Fran deixa de pagar às outras — para repassar a diferença às colegas, igualmente exploradas e massacradas pelo preconceito.

Numa festinha para amigos tão detestáveis quanto ela, Fran se contamina. Isolada num quarto que é maior do que a casa em que Ju vive com a mãe e a filha, assiste por câmeras de segurança às pequenas revanches de sua companheira de confinamento — prelúdio, mal sabia ela, de uma insubordinação redentora.

NUM DEBATE PÚBLICO ARRUINADO, em que "narrativa" se tornou sinônimo de mentira e as supostas questões, formatadas por anglicismos mequetrefes, são ou não "sobre" alguma coisa, há boa chance de a criação ficcional reafirmar-se como lugar de constatações desagradáveis. *O último gozo do mundo*, *Anos de chumbo* e *Confinada* tangenciam o real para lançá-lo numa crise que inviabiliza qualquer solução fácil, do artificialismo *hipster* à *ego trip blasée*. Como observa o narrador de Bernardo Carvalho ao descrever a alegria agoniada de uma festa, era preciso "voltar a viver, com mais intensidade, mas agora com a consciência da perda, para não perder de novo".

25 de novembro de 2021

O VIOLENTO OFÍCIO DE ESCREVER

De *guayabera* bege, calça e sapatos marrons, Rodolfo Walsh caminha pelas ruas de Buenos Aires com a calva protegida por um chapéu de palha. Carrega uma pasta com cópias da "Carta aberta de um escritor à Junta Militar" e a escritura da casa simples de San Vicente, lugarejo a sessenta quilômetros da capital onde passara a viver com a mulher, Lilia Ferreyra. Levava ainda uma Walter PPK calibre 22, arma leve que, tinha plena consciência, não o safaria se caísse nas mãos dos genocidas à frente da última e mais sangrenta ditadura da história da Argentina.

A viagem de trem fora planejada para despachar pelo correio cópias da "Carta" a jornais e revistas, na Argentina e no exterior, marcando um ano do golpe que depusera Isabel Perón. Era o primeiro texto em muito tempo que o escritor, identificado em documentos frios como Norberto Pedro Freyre, voltaria a assinar com seu nome verdadeiro. "Vou voltar a ser Rodolfo Walsh", disse a Lilia, determinado a romper o silêncio da clandestinidade depois de completar cinquenta anos.

A militância no grupo armado Montoneros deixara em suspenso a vida civil de Walsh e uma carreira literária consagrada. Os contos que publicou em livros e revistas nas décadas de 50 e 60 — reunidos em três volumes pela Editora 34 — foram recebidos com a unanimidade a que fazem jus. Há poucas dúvidas ainda de que não é possível falar em jornalismo sério sem passar por *Operação Massacre* (Companhia das Letras). Publicada como livro em 1957, a intricada reportagem narrativa sobre o fuzilamento de civis expôs a barbárie de um outro golpe militar, que dois anos antes interrompeu o segundo dos três mandatos de Juan Domingo Perón na presidência.

Depois de se despedir de Lilia, ela também encarregada de postar cópias da "Carta", Walsh foi ao encontro de um companheiro — que havia "caído" e estava acompanhado por um Grupo de Tarefas do Exército. Percebeu a emboscada logo ao chegar à esquina das ruas San Juan e Entre Ríos. Ainda disparou o primeiro tiro de 22. Metralhado, foi levado à Escola Superior da Armada (Esma), instalação militar transformada pela ditadura em centro de tortura, campo de concentração e extermínio. Prisioneiros da Esma puderam entrever Walsh numa maca, sem camisa, crivado de balas. O corpo jamais foi encontrado.

Há exatos 45 anos, na tarde do 25 de março de 1977, começava a ser escrita essa história dilacerante, que deve sempre ser recontada. É, antes de mais nada, uma advertência sobre a ação nefasta, eivada de voluntarismo hipócrita e golpismo, que tem marcado o desastroso papel das Forças Armadas na história recente da América Latina. E lembra que jornalismo, diferentemente do que vimos em momentos cruciais de 2016 para cá, é atividade incompatível com contorcionismos retóricos ou moderação com fins lucrativos. A combinação do esquecimento histórico com a negligência intelectual ajudou a normalizar a extrema direita, que desde então vem corroendo a democracia brasileira.

"A CENSURA À IMPRENSA, a perseguição aos intelectuais, o arrombamento de minha casa no Tigre, o assassinato de amigos queridos e a perda de uma filha que morreu combatendo os senhores são alguns dos fatos que me obrigam a esta forma de expressão clandestina, após ter manifestado livremente minha opinião como escritor e jornalista durante quase trinta anos", diz a carta, uma fina análise da ação dos militares. "Aquilo que os senhores chamam de acertos", escreve Walsh, "são erros, aquilo que reconhecem como erros são crimes, e aquilo que omitem são calamidades."

A carta só seria publicada na íntegra em 24 de abril de 1977, um mês depois do assassinato e desaparecimento de seu autor. Tomás Eloy Martínez, escritor e jornalista argentino, foi o responsável pela edição em página dupla no *El Nacional*, jornal de Caracas em que trabalhava. Trechos dela encontram-se hoje gravados em painéis de vidro entre os eucaliptos que cercam a ex-Esma, a poucos metros do prédio onde o corpo supliciado de Walsh foi visto pela última vez. Desde 2004, o complexo de instalações militares abriga o Espaço Memória e Direitos Humanos — nas palavras de seus fundadores, uma "homenagem às vítimas do terrorismo de Estado e condenação dos crimes contra a Humanidade".

Nas instalações da Esma a obra de Walsh teve fim e renasceria. Depois de o executarem, os militares seguiram para San Vicente. Metralharam e destruíram a *casita* onde vivia e confiscaram todos os papéis que viram pela frente — depositando-os desordenadamente no centro de torturas, como era a rotina com bibliotecas, objetos pessoais e até roupas dos sequestrados.

Forçados a trabalhos de todas as ordens, incluindo funções burocráticas, prisioneiros da Esma puderam identificar a autoria das páginas manuscritas e datilografadas e, correndo risco de morte, conseguiram escondê-las e contrabandeá-las. Assim se tornariam públicos outros dois textos decisivos para a obra de Walsh — aquele que ficaria conhecido como "Carta a Vicki" e um outro que o próprio escritor batizara "Carta a meus amigos".

Em ambas Walsh narra, de pontos de vista diferentes e complementares, a morte de María Victoria, sua filha mais velha. Jornalista que via na profissão um caminho para a militância, Vicki aderiu aos Montoneros aos 22 anos e morreu aos 26, no cerco de 150 homens do Exército à casa onde se escondia com oito companheiros do grupo e a filha pequena. "Vocês não nos matarão. Nós escolhemos morrer", teria gritado ela, do alto de um terraço, antes de se suicidar com um tiro na boca diante das tropas. Vestindo camisola de dormir, metralhadora em punho, Vicki tinha sustentado o tiroteio por mais de uma hora — segundo testemunhas, às gargalhadas.

"Embaixo, já não havia resistência", escreve Walsh ao descrever o cenário na casa da rua Corro. "O coronel abriu a porta e atirou uma granada. Os oficiais entraram em seguida. Encontraram uma menina de pouco mais de um ano sentadinha na cama e cinco corpos." Na outra carta, a que é dirigida à memória de Vicki, lembra como recebeu a notícia, pelo rádio, em meio a uma reunião. "Escutei teu nome, mal pronunciado, e demorei um segundo para assimilar. Comecei a me benzer maquinalmente, como fazia quando era menino. Não cheguei a concluir o gesto. O mundo parou durante aquele segundo. Depois, disse a Mariana e Pablo: 'Era minha filha'."

"Carta a Vicki" e "Carta a meus amigos" não são, é óbvio, mera expressão de subjetividade de um homem em conflito ou enlutado. Tampouco encerram confissões reveladas indiscretamente depois da morte do autor. Walsh as reescreveu diversas vezes, chegando a discutir detalhes com Patricia, a filha mais nova, que, por sinal, tinha restrições ao tom do relato da morte da irmã. Em *Oración — Carta a Vicki y otras elegías políticas*, sofisticado ensaio publicado em 2018, a jornalista e escritora María Moreno dá a esse capítulo final da obra de Walsh a densidade que muitas vezes se perde sob a estridência política, dissecando o papel das mulheres no episódio e, também, na luta armada.

Moreno lembra que as cartas finais de Walsh pertencem a uma tradição literária e política. Remetem a José Martí e aos "despachos" nos quais, como correspondente nos Estados Unidos, o poeta cubano lançava um olhar crítico sobre a realidade do capitalismo no século 19. Evocam o "Eu acuso", artigo em forma de carta em que Émile Zola se dirige ao presidente da França e é considerado a certidão de nascimento do intelectual moderno na defesa de Alfred Dreyfus, militar vítima de um complô antissemita. De forma mais imediata, Walsh interviria ainda num circuito de "cartas anônimas", todas falsas, que a ditadura distribuía pela imprensa com relatos de militantes arrependidos e suas sofridas famílias.

A estratégia epistolar é coerente com a obsessão de Walsh em fazer da escrita uma forma de justiça — a contraprova, sempre amparada em fatos, das narrativas do Estado. Ao dirigir-se à Junta Militar, são abundantes datas e estatísticas; ao falar aos amigos sobre a morte da filha, testemunhos diretos são invocados para que não prevaleça, no balanço final da História, a escrita da barbárie. "O testemunho é sempre de hoje", escreve María Moreno sobre a importância da primeira pessoa nas cartas. "Está atravessado pela necessidade de ser crível diante das suspeitas que possam pairar sobre o sobrevivente, a memória coletiva, as interpretações e as oscilações ideológicas de vidas sobre as quais tentamos dar um sentido para que possamos seguir em frente."

Até o fim Walsh manteve o que Ricardo Piglia, um de seus leitores mais perspicazes, via como uma original tensão entre ficção e política, relação que considera "central" na história da literatura argentina — e que também dá muito o que pensar no contexto brasileiro. Piglia observa que o escritor e jornalista sempre procurou "trabalhar essa oposição e acirrá-la". Sua ficção breve, elíptica, é impermeável a "contaminações circunstanciais" e referências diretas, ainda que dê ao leitor as pistas para compreender o contexto, quase sempre político, como no clássico "Essa mulher", conto em que um jornalista e um militar negociam informações sobre o destino de um cadáver insepulto — que é o de Eva Perón, jamais mencionada.

Já sua obra de não ficção, de *Operação Massacre* às cartas e aos panfletos, se beneficia da "habilidade de narrador" para atingir diretamente os leitores. O pai emocionalmente destroçado que assina as cartas é também o militante que não recua de suas convicções. "Hoje, no trem, um homem dizia: 'Ando sofrendo muito. Queria me deitar, dormir e acordar daqui a um ano'. Falava por ele, mas também por mim", escreve Walsh, preferindo o potencial dramático de uma cena ao registro puro e simples de uma experiência-limite. No mesmo tom passional, mas com outros objetivos e estratégias, avalia: "Sua morte lúcida é uma síntese de sua curta e bela existência. Não viveu para si mesma, viveu para os outros, e esses outros são milhões. A morte que teve, sim, essa morte foi gloriosamente sua, e nesse orgulho eu me afirmo, por meio dela sou eu quem renasce". Ao dirigir-se aos militares, desafia: "Sem esperança de ser ouvido, com a certeza de ser perseguido, mas fiel ao compromisso que há muito tempo assumi de dar testemunho nos momentos difíceis".

AFICIONADO DE ROMANCES POLICIAIS e xadrez, o jovem Rodolfo Walsh viu mudar os rumos de sua vida quando iniciou a reportagem que resultaria em *Operação Massacre*. Ali percebeu que sua vocação jamais se realizaria plenamente nos limites estritos da literatura. "Para além de minhas perplexidades íntimas", escreveria ele num curto ensaio autobiográfico, "havia lá fora um mundo ameaçador." Sua vida trágica foi dedicada a registrar esse ambiente hostil que é, até que se prove o contrário, a vida de todos nós. Para melhor retratá-lo, mobilizou o que pôde: imaginação desenfreada e investigação minuciosa, estridência provocadora e silêncio estratégico. A um dado momento, entenderia a natureza profunda de sua profissão, propósito de uma vida: "De todos os meus ofícios terrestres, o violento ofício de escrever era o que mais me convinha".

10 de fevereiro de 2022

OS QUE SE DEIXAM LEVAR

Quem é você no Bozistão? Um "grande criminoso", executor da delinquência de Estado? Apenas "criminoso", que *mete o loko* amparado pela leniência institucional? Ou seria mais exato definir-se como "pequeno criminoso", que se beneficia de expedientes mais leves? Estaria entre os que "se deixaram levar pela corrente", deu uma fraquejada na "escolha difícil" ou nem imaginou, veja só, que um cultor da tortura se comportaria assim?

Na Alemanha de 1945, essas categorias organizavam as respostas a um questionário distribuído entre cidadãos comuns para aferir responsabilidades individuais por crimes de Estado. Já nos primeiros passos, o longo e tortuoso processo de desnazificação demonstraria que a normalização da barbárie teve como sólido pilar a vasta e silenciosa multidão dos Mitläufer — termo alemão para definir aqueles que, em uma combinação de "pequenas cegueiras e pequenas covardias", se refugiaram na omissão.

Trata-se de gente simpática e a princípio pacífica como Karl e Lydia, avós paternos de Géraldine Schwarz, jornalista franco-alemã que remexe o baú para dar concretude perturbadora a um dos traumas definidores do século 20. *Os amnésicos: história de uma família europeia* (Âyiné) mistura memorialismo, ensaio e reportagem para reconstituir os caminhos nem sempre óbvios do apoio ao nazismo e projetar suas sombras sobre o presente.

"A história não se repete", escreve ela, "mas os mecanismos sociopsicológicos permanecem os mesmos que, em um contexto de crise, nos levam a nos tornarmos cúmplices irracionais de doutrinas criminosas."

Karl estava entre os 8 milhões de membros do Partido Nacional-Socialista dos Trabalhadores Alemães. Não foi notadamente atuante ou entusiasta, mas a prova de "arianismo", exigida na filiação, garantia tranquilidade para tocar sua pequena empresa de derivados de petróleo em tempos turbulentos. Lydia passou ao largo da militância, mas, como a maioria de seus compatriotas, era fascinada pelo Führer, tido como salvador da pátria depois da Primeira Guerra. Achava possível que alguém o adorasse "sem se considerar um nazista". Em Mannheim, onde sempre viveram, testemunharam, entre o indiferente e o impassível, as "procissões de centenas de judeus" deportados para os campos.

Em 1948, quando o casal julgava bem encaminhada a reconstrução da vida numa cidade que também se reerguia das ruínas de bombardeios, uma carta provocaria a reviravolta digna de ficção. Na correspondência, advogados de Julius Löbmann, que escapara do extermínio e se estabelecera em Chicago, reivindicavam uma substancial indenização com base em uma lei de reparação para cidadãos judeus espoliados: dez anos antes, em 1938, Karl Schwarz comprara a empresa dos Löbmann por valor bem abaixo do de mercado, como era comum no contexto da perseguição.

Os cinco anos de correspondência entre Karl, Julius e os advogados encarnam as dificuldades e sutilezas na articulação de memória histórica, consciência individual e responsabilização. Karl parecia sinceramente convicto de que não havia conexão entre a transação comercial e o regime criminoso que a proporcionou. Chega a argumentar que o sofrimento terrível do nazismo tinha se estendido às duas famílias, mesmo sabendo que parte dos Löbmann morrera em Auschwitz. Até ser fulminado por um infarto, em 1970, acreditava que o pagamento da indenização tinha feito dele vítima de uma terrível injustiça.

Volker e sua irmã — ele, pai de Géraldine, ela, a tia que se oculta num pseudônimo — cresceram no pós-guerra como típicos descendentes dos Mitläufer. Na casa dos Schwarz a guerra era pouco evocada além do drama da reparação comercial. A palavra "holocausto" jamais fez parte do léxico familiar. Se, pelo menos até *Os amnésicos*, a "tia Ingrid" manteve cautelosa distância dos detalhes, Volker amadureceu e formou-se intelectualmente escrutinando os entrelaçamentos da vida deles com a história. "Esse mobiliário, em particular o da sala de jantar, que exalava a grande burguesia", diz Volker a Géraldine, "não correspondia à classe social dos meus pais." Os móveis suntuosos, concluiria sem dificuldade, foram arrematados, a preço baixo, no comércio de bens expropriados dos judeus.

A família que nasceria do casamento de Volker com Josiane, francesa e futura mãe da autora, traria complexidade ainda maior ao acerto de contas com a história. Não menos intricada é a França de Vichy, autoridade colaboracionista que patrocinou deportações para campos nazistas. Também no enfrentamento à ocupação, a célebre resistência é um composto de atos de genuíno heroísmo e mitologias duradouras. No trânsito entre os dois países, seus passados e seus presentes, *Os amnésicos* se assemelha a uma versão de câmara de *A tristeza e a piedade* e *A memória da justiça*, documentários em que Marcel Ophüls trata da culpa e da responsabilidade na França e na Alemanha, respectivamente.

É impossível atravessar o livro sem pensar no Brasil de 2022. Mais especificamente, nas imensas tarefas para o Brasil pós-22 caso derrotemos nas urnas a extrema direita que corrói a democracia. Foi por meio da contínua manipulação da memória coletiva que se avançou perigosamente na normalização do culto à ditadura e ao poder militar, nos elogios à tortura como autodefesa e no extermínio desabrido de populações vulneráveis.

As *fake news* não falseiam apenas o presente, mas o passado imediato. E tão grave quanto a rasura do que nos é próximo — e infinitamente mais discreta e insidiosa — é a malversação das instituições de preservação da memória, em que o impulso de reescrever o passado pode envolver bloqueios à informação e destruição de documentos.

Criação coletiva, o estelionato da história depende tanto do que se faz quanto do que se omite, do que se diz e do que se cala. A história de Karl e Lygia é real demais para ser uma fábula, mas soa como advertência inequívoca: você até pode se deixar levar, mas a história cobrará sua conta. Em geral, com juros que não se pode pagar.

9 de março de 2022

AGRADECIMENTOS

A Daniela Pinheiro e aos editores da *Quatro Cinco Um*, que inventaram o colunista.

A Bernardo Melo Franco, Flávio Moura, Flávio Pinheiro e Guilherme Freitas, interlocutores.

À equipe da *Quatro Cinco Um*, pela paciência e cuidado.

A Paulo Werneck, responsável por esta e outras aventuras.

© 2022, Paulo Roberto Pires

Esta edição segue o Novo Acordo
Ortográfico da Língua Portuguesa

CAPA
Vera Tavares
DIAGRAMAÇÃO
Isadora Bertholdo
ASSISTENTE EDITORIAL
Ashiley Calvo
REVISÃO
Luiza Gomyde
CONSULTORIA EDITORIAL
Fabiana Roncoroni
PRODUÇÃO GRÁFICA
Lilia Góes
CARICATURA
Dedé Lautentino

Todos os direitos desta edição reservados à
Tinta-da-China Brasil/Associação Quatro Cinco Um
Largo do Arouche, 161 SL2 • República • São Paulo/SP
editora@tintadachina.com.br

DADOS INTERNACIONAIS DE CATALOGAÇÃO NA PUBLICAÇÃO (CIP)
(CÂMARA BRASILEIRA DO LIVRO, SP, BRASIL)

Pires, Paulo Roberto
  Diante do fascismo : crônicas de um país à beira
do abismo / Paulo Roberto Pires. -- São Paulo :
Quatro Cinco Um, 2022.

  ISBN 978-65-84835-09-2

  1. Crônicas brasileiras 2. Democracia - Brasil
3. Fascismo I. Título.

22-112748   CDD -B869.8

ÍNDICES PARA CATÁLOGO SISTEMÁTICO

1. Crônicas : Literatura brasileira   B869.8
Cibele Maria Dias - Bibliotecária - CRB-8/9427

Diante do fascismo foi composto em Hoefler Text
e Degular Black e impresso em papel Pólen Bold 90g,
na Ipsis, em junho de 2022, nos dez anos de fundação da
Tinta-da-China Brasil por Bárbara Bulhosa.